公共图书馆服务模式创新研究

刘坤显 ◎ 著

延吉·延边大学出版社

图书在版编目（CIP）数据

公共图书馆服务模式创新研究 / 刘坤显著. -- 延吉：延边大学出版社, 2024. 9. -- ISBN 978-7-230-07163-5

Ⅰ. G258.2

中国国家版本馆 CIP 数据核字第 2024HP2416 号

公共图书馆服务模式创新研究

著　　者：	刘坤显
责任编辑：	侯琳琳
封面设计：	文合文化
出版发行：	延边大学出版社
社　　址：	吉林省延吉市公园路 977 号　　邮　编：133002
网　　址：	http://www.ydcbs.com　　E-mail：ydcbs@ydcbs.com
电　　话：	0433-2732435　　传　真：0433-2732434
印　　刷：	廊坊市广阳区九洲印刷厂
开　　本：	787 毫米×1092 毫米　1/16
印　　张：	11.5
字　　数：	200 千字
版　　次：	2024 年 9 月第 1 版
印　　次：	2024 年 11 月第 1 次印刷
书　　号：	ISBN 978-7-230-07163-5

定　　价：78.00 元

前　言

公共图书馆作为知识传播与文化交流的重要平台，在社会发展中扮演着至关重要的角色。随着信息技术的飞速发展和用户需求的多样化，传统的图书馆服务模式已难以满足现代社会的需求。因此，对公共图书馆服务模式进行创新研究，不仅有助于提升图书馆的服务质量和效率，还能更好地满足公众日益增长的精神文化需求。

公共图书馆服务模式创新是提升图书馆服务质量和效率的关键。通过引入新理念、新模式、新技术，公共图书馆可以不断改善和变革现有服务产品和流程，向用户提供更加满意的服务。然而，在创新过程中，公共图书馆需要综合考虑各项能力的协调发展，解决资金与资源限制、技术支持与设施建设不足、服务理念和模式滞后，以及用户需求多样化等问题。

未来，公共图书馆应继续加强数字化与智能化建设，推动跨界合作与资源共享，打造精准服务与个性化推荐体系，以及空间再造与功能升级。同时，公共图书馆还应积极应对挑战，不断探索和创新服务模式，以适应现代社会的发展需求。通过持续的努力和改进，公共图书馆将成为更加开放、多元、智能和便捷的知识传播和文化交流平台，为公众提供更加优质和高效的服务。

本书旨在探讨公共图书馆服务模式创新的内涵、趋势、实践案例以及存在的问题与挑战，为公共图书馆事业的可持续发展提供理论支持和实践指导。

由于笔者水平有限，本书难免存在不足之处，敬请学界同仁与读者朋友批评指正。

目 录

第一章　公共图书馆概述 ·· **001**
　第一节　公共图书馆的定义与基本性质 ································· 001
　第二节　公共图书馆的职能 ··· 012
　第三节　公共图书馆的馆员素质 ·· 020

第二章　公共图书馆服务概述 ·· **025**
　第一节　公共图书馆的基本服务 ·· 025
　第二节　公共图书馆的服务理念 ·· 034
　第三节　公共图书馆服务的对象及用户需求分析 ···················· 053
　第四节　公共图书馆服务的转型 ·· 059

第三章　公共图书馆的读者服务 ··· **064**
　第一节　公共图书馆读者服务的内涵与要素 ·························· 064
　第二节　公共图书馆读者服务工作存在的问题及解决对策 ········· 066
　第三节　公共图书馆拓展读者服务工作的新领域 ···················· 072
　第四节　"微时代"背景下公共图书馆读者服务建设 ················ 078
　第五节　公共图书馆读者服务中读者意见的处理机制 ·············· 085

第四章　公共图书馆的智慧服务 ··· **092**
　第一节　公共图书馆智慧服务的提出背景、概念与特征 ··········· 092
　第二节　公共图书馆智慧服务的本质、主客体与内容 ·············· 099
　第三节　公共图书馆智慧服务途径及其构建 ························· 106
　第四节　公共图书馆智慧服务系统的基本构成 ······················ 110
　第五节　公共图书馆智慧信息服务模式与构建路径 ················ 112

· I ·

第五章 公共图书馆服务模式创新 ······ 120
第一节 自助服务模式 ······ 120
第二节 社群服务模式 ······ 135
第三节 城市书房服务模式 ······ 146
第四节 针对不同群体的特色服务模式 ······ 161
第五节 其他特色服务模式 ······ 168

参考文献 ······ 174

第一章 公共图书馆概述

公共图书馆是由政府投资兴办或由社会力量支持兴办的，面向社会公众开放的图书馆，是知识资源收集、存储、加工、研究、传播和服务的公共文化空间和社会教育设施。它又被称为知识宝库、公共文化空间、没有围墙的学校、文化信息的中心等，是与人民大众关系最为密切的一种图书馆类型。本章围绕公共图书馆的定义与基本性质、公共图书馆的职能、公共图书馆的馆员素质等方面展开论述。

第一节 公共图书馆的定义与基本性质

公共图书馆是社会发展到一定阶段的产物，是社会民主、公民权利、社会平等和信息公正等现代人文意识成熟的结果。

一、公共图书馆的定义

图书馆作为知识的代名词，也可以被看作一个高级有机体，不管是社会哪一个领域的变革，图书馆都随着其变化而有一些大的改观，这种变动是根本的，具有革命性的，是对原有模式的一种颠覆。从我国公共图书馆发展的历程来看，它经历了由实体到电子，再到复合等多种模式的更迭。其中，遵循"人"的发展诉求，以"人的价值"引领公共图书馆发展是当下一个新的发展方向。2018年初，《中华人民共和国公共图书馆法》正式施行，这是一次历史性的变革。这部法律对公共图书馆的具体内涵进行了明确的界定：

第一，公共图书馆指的是不收取任何费用，囊括了各种类型的文献资料，向公众提供检索、查阅等各种服务的重要文化设施。与其他图书馆最大的区别在于，公共图书馆不是归属于私人的，也不是归属于哪一个部门的，其服务对象应该是全体民众，其最大的特征便在于其公共性。

第二，公共图书馆在建设、运营、后期管理的过程中都紧紧围绕大众诉求，让民众获得精神的享受是公共图书馆价值的最好展现。

第三，公共图书馆与一般机构存在极大的差异。人们在对其价值实现程度进行评估时，一个重要的价值尺度就是服务水平以及公益价值的实现程度。

第四，公共图书馆关乎全民。它不是某一个人的责任和使命，而是全社会共同的责任。公共图书馆建设是一项伟大的事业，是丰富全民精神世界的一个窗口。

这部法律的颁布在很大程度上规范了公共图书馆的发展与建设，也让学界对公共图书馆有了更加明确的认知，有助于进一步推动我国文化事业的多元化、健康化发展，使群众拥有更多的阅读选择，保障人民的阅读权益。

二、公共图书馆的基本性质

(一)公共图书馆的公益性

1. 公益性的内涵

公共图书馆具有多重性质。其中,最基本的性质就是公益性,即所有读者都能够通过各种途径享受公共图书馆所提供的各种阅读服务。

通常而言,公共图书馆的建设主体相对较为统一,大多数都是由各级政府主持开展,由政府出资,群众免费享受相关服务。这些活动需要一定的场地支持,这些场地全部是政府免费划拨的,所需费用也都是由财政来供给。

从本质上来说,公共图书馆具有明显的公益性,它是文化建设的一个重要渠道,大多数文化建设成果都能通过这一平台得到展示。同时,它也为群众提供了一个休闲场所,让人们能够共享文化建设的优秀成果。

一些公共图书馆特别强调:我们不能对开馆的时间进行过多的限制,人们可以根据自己的需要随时进入,任何成员都应该享受平等的入馆权限。在这个问题上,所有的成员都是完全平等的,不论他们来自哪一个国家,不论他们讲的是哪一种语言,不管他们的性别、职业、社会地位存在怎样的差异,所有的成员都应该被平等地对待。

以上是公共图书馆建设的原则,也为未来公共图书馆的建设指明了方向。普通民众也因此受到公平对待,避免因为公共图书馆门槛过高而引起的弱势群体的合法权益受损,民众能够获得自己需要的信息,这充分体现了公共图书馆对民众利益的最大化保护。正是由于公共图书馆的这一性质，其免费开放程度大大提升。我国的公共文化建设也因此获得了崭新的发展空间，对其下一步的健康发展具有重要意义。

2. 公益性对公共图书馆建设的意义

公共图书馆的职责之一就是为大众提供公共资源，使得社会发展更加稳定，公众的权益得到最大化保护。正是因为有了公共图书馆事业的蒸蒸日上，更多的读者才能被公平对待，公共资源价值最大化才得以彰显。公共图书馆自开始建设就具有明显的公益性特征。在这种思维的影响下，读者的利益得到了最大化保护，公共图书馆事业也随之迈入了新的发展时期。

要发挥公共图书馆的公益作用，我们就要将人的价值放在发展的首位，关注读者的合法权益，促进公共图书馆向着有序健康的方向持续高效发展。"以人为本"是公共图书馆建设的一种重要的人文理念，也是日常工作过程中需要遵循的重要准则。公共图书馆必须将读者诉求放在第一位，以高质量的服务为工作准绳，最大限度地保护读者的利益。从某种程度上而言，读者反馈也是判断这项事业发展建设情况的一项重要指标。因此，公共图书馆在建设过程中应将读者的口碑作为一个重要的参照标准，坚持从公益的角度出发建设图书馆，才能为公共图书馆的建设奠定基础。

第一，充分发挥公共图书馆的公益价值，使公共利益得到最大化保护。近年来，经济发展促进了公共图书馆事业的蒸蒸日上，公共图书馆的书籍类型更为多样，使读者从中获得更加良好的阅读体验。不过，一些读者的需求具有明显的个性化特征，现有的文献及资料难以满足他们的阅读需求。怎样增大馆藏量、确保馆藏资源类型更加丰富是各个公共图书馆需要思考的一个问题。为了解决这一问题，不同图书馆应该加强合作，将各自的优势体现出来。公共图书馆对于自身应该有明确的定位，与其他图书馆进行资源互补，从而整合所有的资源，并形成自己的建设特色与优势。为此，公共图书馆应树立崇高的责任感，牢牢把握读者的阅读诉求，使读者能够获得更为多样的体验。

第二，充分发挥公共图书馆的公益价值，惠及更多读者。公共图书馆是全民知识的结晶，它是读者智慧的集中体现，也是所有民众思维的高度凝结。从这个角度而言，公共图书馆是所有群众利益的体现与凝结。公共图书馆的资源应当为民众所共享，每一个人都有权利享受公共图书馆提供的每一项服务。公益图书馆不能设置准入门槛，所有成员都有使用它的权利，都有享受其提供的相关服务的权利。正是这种资源共享的宝贵性，可以使更多的人参与到公共图书馆建设当中，受众范围明显扩大。

第三，充分发挥公共图书馆的公益价值，确保工作高效开展。公共图书馆的这一性质决定公共图书馆从业人员要树立崇高的公共意识。这种崇高的责任感和使命感会激发公共图书馆工作人员对于工作的奉献精神。他们能够从自己的工作中感受到快乐，也会真诚地对待读者，读者也会不自觉地参与其中，从而使公共图书馆的各项工作运转得更为高效。社会的认可、读者的信赖都会成为公共图书馆工作人员提升服务质量的动力源泉。在这一动力驱使下，公共图书馆建设就会更具活力。

第四，充分发挥公共图书馆的公益价值，与读者构筑和谐的关系。公共图书馆面对的是广大的读者，其工作人员必须对这种关系有明确的认知，才能更好地利用各种文献资源为读者服务。此外，公共图书馆要结合读者的诉求进行各种服务建设，优化传统的管理模式，提升服务的质量和水平，这是公共图书馆的重要职责。读者广泛参与公共图书馆建设，对公共图书馆建设以及服务提出合理建议，公共图书馆针对这些反馈进行改进，服务才会更加优质、更加具有针对性。

（二）公共图书馆的基本性

1. 基本性的内涵

基本性指在建设公共图书馆的过程中，要确保每一个成员都能够享受基本的读书权利。文化具有极强的包容性，它应该被所有的人公平享有，读书也是如此。从更深的层面分析，没有读书的权利，就意味着没有被公平地对待，文化就缺乏其该有的公平性。

在构建科学化、高效化、完善化的公共文化机制的过程中，我们要将基本性作为一个重要特性予以对待。公共图书馆的基本任务是切实保障大众读书的权利。简单来说，就是每一个人都能够参与阅读、进行学习。政府应该为民众提供更加多元的阅读方式，如书籍、报纸、杂志、电子文献等公共资源。因此，从社会文化权利的角度而言，读书是每一个公民具有的一项最基本的权利，而不是只有一小部分人才能享有的。

2. 保证公共图书馆基本性的措施

第一，保证覆盖率。人人共享的公共图书馆要有相应的资源作为保障，其最基本的实现途径就是建设更多数量的公共图书馆，保证覆盖率，这样才能使人们更加便捷地使用这一资源。按照省级行政区划，全部省区基本做到公共图书馆全面覆盖。虽然我国公共图书馆覆盖率较高，但是总体数量不足的问题依然存在。在未来，城市范围的不断扩张势必导致公共图书馆相对短缺。国家应不断加强公共图书馆建设，以满足群众的文化需求。

第二，规定最低藏书量。只有公共图书馆的书籍藏量充足，服务水平才能跟得上。图书馆人均藏书量是判断区域文化水平的一项基本指标。按照国际标准，通常是每人不低于2.5册。而一些公共图书馆由于建成时间较短，只能达到每人不低于1册，之后随着公共图书馆的逐年发展，藏书量也会逐年提升。

第三，完善图书馆设施。近几年，公共服务的优化与改善逐渐被大众所关注，文化建设发展十分迅速，许多县城不断建设县级文化馆，以满足群众对于文化发展的多元化需求。然而，从综合来看，我国公共图书馆建设仍存在明显的短板，设施类型较为单一，特别是一些偏远地区的公共图书馆，设备更新周期较长，场地面积严重不足，设备老化等问题十分严重。这与当下公共图书馆发展要求相背离，很难满足公共图书馆规模化建设的需求。

（三）公共图书馆的便利性

1. 便利性的内涵

便利性是指读者在阅读过程中能够以更快、更简单的方式享受公共图书馆所提供的各项服务。公共图书馆必须将便利性作为公共图书馆建设的一项重要准则。例如，在进行布局时，要选择合理的位置来建设公共图书馆，比如城市的核心区域，这里的人流量较大，周边配套设施十分完善，交通便利。公共图书馆要将便利性作为一个重要的考核指标，通过多元化途径，有创意、有目的地引导读者从中获得满足感，真正营造服务至上的氛围，让便利性成为公共图书馆建设的重要原则。

同时，业界还提出了服务半径这一基本理论，服务半径是衡量公共图书馆在物理空间上服务范围的重要指标。一般而言，规模较大的公共图书馆需要确保读者在骑行一个小时内到达目的地；规模中等的公共图书馆需要保证读者在半个小时内到达目的地；规模较小的公共图书馆需要保证读者在20分钟内到达目的地。这就使得读者能够合理安排自己的时间，也是服务半径的价值所在。

2. 公共图书馆便利性的实现策略

（1）确定公共图书馆地理位置时要考虑读者的便利性

随着网络技术的快速发展，缩短读者与公共图书馆之间的距离早已经不是一个难题。然而，读者能否在较短的时间内到达公共图书馆仍然是一个非常值得重视的问题。网络图书馆和实体图书馆之间有着明显的差异：实体公共图书馆能够让人们在学习中感受到优雅、知性，这是网络图书馆无法取代的。网络虽然具有极大的便捷性，但是它存在缺点，不可能取代所有的实体图书馆。人们渴望到图书馆汲取知识，那么公共图书馆的便捷性就尤为重要。日本学者在研究中明确指出，大多数图书馆都应该保持在1.5千米范围之内，公共图书馆应该紧密环绕在读者的身边。还有一些国家强调，从任何一个地方出发，最多20分钟我们就应该见到一个图书馆。也有一些国家设立了各种各样的图书馆，其目的就是方便读者阅读。

（2）强化资源组织力度，让读者享受便捷

如果要对公共图书馆的文献单元进行划分，则要将公共图书馆作为信息组织的核心。在进行信息组织的过程中应该做到两点：一是确保所搜集的信息类型全面、内容全面；二是在信息组织的过程中，要将读者放在重要的位置来予以考量，结合他们的需求来实施多样化信息组织。

具体而言，公共图书馆资源组织要考虑物力要素，结合载体的特征进行科学安排。只有这样，读者在定位和寻找各种资源时才会更具针对性，可以从以下方面实施：①尽量让书库的开间比一般的区域大一些，阅览室的格局应该与书库保持一致。同时，尽可能缩短二者的距离，这样的格局便于读者进行阅读；②借阅的过程中要使用开架模式；③将新入库的书籍放在专门的书架上，按照入库的次序进行编码。同时，要配备专业的检索系统，使读者在寻找馆藏图书时消耗时间更短，尽可能达到"一键检索"的目的。衡量一个检索系统是否方便是有一定检测标准的，应该结合相应的标准进行系统设置。公共图书馆经常使用的数据是"检全率"和"检准率"，有助于读者得出准确的结果，但是其使用的过程却十分费力。读者可能会因为太过费力而选择不去使用，这是影响读者对一个检索系统进行科学评价的重要因素。因此，检索系统不仅要强调结果的准确性，还要考虑过程的便捷性。同时，检索系统还应该充分考虑对电脑操作不熟练的人在操作检索系统时的便捷性，要让每一位读者都能对这个系统运用自如。这样的公共图书馆才更具魅力，才能为读者提供极大的便利。

（3）公共图书馆的服务方式要方便读者

第一，要选择读者可以接受的服务方式。同时，图书馆还要从小处着手，在居民密集的区域设置一些街区分馆，这样一来，读者但凡有需求，都可以在第一时间到达并查找资料。此外，在城市中建设规模化的流动图书馆，方便幼儿、残疾人、老年人借阅图书。

第二，要从细节着手，为读者提供便利。例如，日本大多数图书馆都专门在馆外设置一个区域，读者可以在闭馆期间将自己借阅的图书放在这一区域内，工作人员在开馆期间会第一时间办理还书，读者无须反复奔波于还书的路上。

（四）公共图书馆的均等性

1. 均等性的内涵

均等化是未来图书馆建设的一个基本目标，即让所有的人都能够被公平对待，享受平等服务。公共图书馆建设是一项重要的公益事业，每一个人都有权利享受其中的每一个项目。均等性是全方位、宽领域的，它不仅强调不同国籍之间的均等，更针对不同性别、工作、社会群体提出了均等化目标，要对所有的人一视同仁，不能区别对待，要让公民能够接触各种类型的资源，享受阅读的快乐，让服务得到所有人的认可，这是公共图书馆建设的根本目标。

2. 公共图书馆均等性服务的实现策略

第一，要在财政方面给予必要的支持。所有公益性事业都是免费的，公共图书馆也是如此，它所提供的资源是无偿的。从中我们能够看出政府对于广大民众的真心关爱，这也充分体现了政府对于文化建设的高度重视。政府要加大在公益事业建设方面的资金投入，解决事权和经济权二者之间的矛盾，让基层能够获得更好的经济支持，实现经济投入真正向基层靠拢。不管是建设哪一级别的公共图书馆，当地政府都应该承担起总体规划设计的重任，将资金合理分配到各个项目中。同时，当地政府还要为基层图书馆的建设工作提供必要的资金支持，包括基层图书馆建设、从业人员的专业技能培训、阅览室规划与设计、基层图书馆设备引进以及项目管理等。

第二，整合多元化资源，构建完善的资源建设机制。当地政府要严格合作规范，让高校以及相关部门能够积极参与进来，推动公共图书馆建立更加完善的资源获取渠道。公共图书馆要明确定位，了解自身的优势，建立资料分析库。此外，公共图书馆还要紧紧围绕服务功能进行相关建设，使服务更加多元、特色专业更加突出，进而成为未来拉动经济发展的强大动力，为繁荣当地文化作出贡献。

第三，要尊重人的价值，强调人与人之间的平等。公共图书馆的使命就是更好地满足读者的多元化阅读需求，应将读者的诉求放在发展的首位。从某种程度上来说，公共图书馆职能能否得到高效地发挥，取决于公共图书馆的服务质量。公共图书馆工作人员必须更新自身的服务理念，根据不同读者在心理诉求、知识体系、个体行为和心理特色等方面的特征，构建适合读者的服务体系，确保为读者提供的服务是高质量、细致周到的，这样才能真正体现出公共图书馆对于人的价值的充分尊重，公共图书馆工作人员在与读者交流的过程中也会收获平等、关爱与尊重。

第二节　公共图书馆的职能

一、公共图书馆的基本职能

在社会结构中，公共图书馆是不可或缺的一部分，为社会储存文献，对继承和发扬知识成果作出巨大的贡献。如今，社会面临众多文化和经济任务，公共图书馆的职能可以帮助人们完成这些任务。机构、事物和人在社会中所起到的作用，被称为职能。其中，人能够承担的职位或职责任务的能力，称为人的职能。在社会中，公共图书馆起到的作用以及拥有的职能，就是公共图书馆的社会职能。

（一）引导阅读

读书可以提高个人品德修养，促进社会发展进步，公共图书馆有责任通过形式多样的阅读推广活动来倡导全民阅读。公共图书馆应该想方设法满足公众的公共文化需求，调动公众的阅读热情。公共图书馆可以通过微信、微博、抖音、快手等社交媒体平台大力推广数字资源服务，让广大读者足不出户就能享受丰富的文化知识。公共图书馆也可以开展线上打卡阅读活动，充分调动读者的阅读兴趣。

（二）开发信息资源

在网络与信息化背景下，信息资源的类型更加丰富，信息喷涌现象频频出现，整个信息世界呈现出无序的特征，人们要想从中捕捉有用的信息存在极大困难。公共图书馆在对入馆的各种资源进行整理时，必须对其进行一定的开发与加工，打造一个来源明晰、整理有序的信息集合体，这样才能为读者阅读提供更大的便利性与准确性。

从资源开发的角度而言，公共图书馆的资源开发包括以下几个方面：①文献目录的制定、加工以及后期归类，方便对整体进行处理；②全方位检索馆外优质资源，建成专门的收纳库；③电子化、信息化处理资源，使馆藏文献的仓储更加便捷。

（三）开展社会教育

1. 开展文化教育

良好的环境是保证学习与阅读效果的基础。在公共图书馆里，读者可以享受馆内所提供的各种优质资源和服务。公共图书馆不是服务某一个人的，更多是为了满足不同群体的阅读需求，确保他们所享受的资源都是高质量的、公平的，进而引导他们养成终身学习的习惯。

2. 丰富文化娱乐生活

生活中，人们的文化娱乐是不可或缺的重要组成部分。读者不仅能够从公共图书馆里汲取知识的养分，还能享受文化娱乐服务。比如，人们可以在公共图书馆里阅读来自世界各地的书籍、报纸、杂志，也可以观看各种电影，这些都是丰富文化娱乐生活的重要途径。

（四）增强文化道德修养

公共图书馆能够增强公民的文化道德修养。公民利用丰富的图书资源和知识信息，可以丰富文化知识，提高文化素养，提升自身价值。公共图书馆在对公众全面普及阅读的同时，也要重视边远地区的阅读推广，让边远地区的人们也能受到精神文化的熏陶，提升知识文化水平。公共图书馆也是城市景点。在闲暇时，人们可以去公共图书馆阅读书籍，丰富精神世界。公共图书馆环境清静，学习氛围浓厚，有各种各样的知识讲座和文化鉴赏等活动，可以向人们传播新知识、新思想，以及先进的文化。

（五）提供公共文化服务

公共文化服务是指由政府主导、社会力量参与，以满足公民基本文化需求为主要目的而提供的公共文化设施、文化产品、文化活动以及其他相关服务。公共图书馆的价值就是满足社会大众的基本阅读需求，为人们提供文化服务。人们可以通过公共图书馆获取各种社会信息资源。不管外界环境怎样改变，公共图书馆的最终目标就是为公民提供公共文化服务，是一个非营利性的公益组织。

公共图书馆具有多种文化服务功能，在公共文化服务中发挥着多方面的作用。因此，公共图书馆要积极参与社会公共文化服务建设，不断改进和创新公共文化服务模式，树立共享共赢的公共文化服务理念，加强公共文化服务体系建设，提升图书馆馆员思想与业务素质水平，积极争取政府部门的支持与帮助，力争在公共文化服务中发挥更大的作用，产生更大的社会效益。

（六）传承并发展人类文化

对于人类而言，文字的出现具有跨时代的意义，而书籍作为记录文化的重要形式，更是传承文明的重要载体。书籍可以详细地记录历史，也可以将最真实的历史展示给世人，文化的延续是书籍最重要的功能之一。公共图书馆作为保存珍贵文献的重要场所，在文化留存方面发挥着巨大的作用。随着信息技术的飞速发展，需要留存下来的珍贵文献也可通过现代化技术手段来进行处理与保存。

1. 传承发展优秀传统文化

中华文明的发展绵延数千年，内涵丰富。通过各种形式的中华文化，我们能够感受到其对于精神层面的高度追求。中华文化以其独特的气质、悠远的品质、多样的外在形式奠定了中华民族最宝贵的品格，它悠远而又有气度，充满神韵，形成了中华民族最鲜明的特色，滋养了宝贵的中华民族精神，为无数中华儿女的成长提供了沃土。它是中华民族生生不息、血脉传承的根源，有助于推进全人类文明的共同发展。

中华优秀传统文化是文化铸造的"根基"，是中国人宝贵的精神财富，是我们长期以来形成的最具中华品格的宝贵文化，成为中华民族代代相传、久经磨难而更加优秀的时代见证。弘扬传统文化，一方面能够让传统文化重新散发出其内在的生命力，另一方面也能涵养民族品格，形成整个民族的文化自信。这种自信是我们对于自己文化的一种高度认可。

然而，随着互联网、大数据、智慧化的深入发展，以及多元文化的交融，特别是在大数据时代背景下，不同文化、不同思潮、不同观点在不同领域的渗透更加剧烈，中华优秀传统文化的传承和发展受到极大的考验，也面临着巨大的挑战。公共图书馆作为搜集、保存、传承、发展优秀传统文化的重要场所，有责任、有义务传承中华优秀传统文化，留住中华文化的根，守住民族文化的魂，推动中华优秀传统文化走向世界舞台，服务于世界人民。

2. 对革命文化的继承

革命文化是在长期的革命斗争中形成的，以马克思主义为指导、以革命精神为内核，反映中国革命现实，凝聚共产党人和革命群众独特思想、精神风貌的文化。它继承了中华优秀传统文化的基因，汲取了中华优秀传统文化的营养，体现了中国共产党人的理想信念和崇高追求，彰显了中国共产党人的优秀品质，是中国共产党和中国人民在革命建设和改革开放各个历史时期形成的精神追求、精神品格和精神力量，具有革命性、民族性、大众性、时代性和创新性等特点。

在中国革命史上，图书馆在宣传革命理论方面起到十分重要的作用，共产党人重视发挥图书馆的作用，将图书馆作为从事革命活动的重要场所。例如成立于1921年的上海通信图书馆，在早期党组织的领导下，办馆指导思想十分明确，就是"为劳动大众服务"。

公共图书馆作为传播先进文化的重要基地，对革命文化的传承和发展具有重要作用。深入挖掘当地特色的革命文化资源，不仅有利于地方文献史料的研究，也有助于革命历史宣传教育。公共图书馆在弘扬革命文化的过程中，应始终立足自身的馆藏特色，以革命文献为依托，通过打造特色阅读空间，开展丰富多彩的主题宣传教育活动，创造文化"悦读"环境，建立常态化、多样化的革命教育模式。

3. 保护和传承地方文化

地方文化是一定区域内具有历史悠久、特色鲜明、民众崇尚等特点，至今仍发挥重要作用，甚至有较大影响力的文化。它不仅是中华优秀传统文化的组成部分，还是中华民族的宝贵财富，更是各地社会经济文化发展的标志和品牌。

地方文献是地方文化的载体，是综合反映一个地区政治、经济、文化、历史、地理、风土人情、名胜古迹等重要内容的区域性文献，主要包括地方史料、地方人士著述和地方出版物三部分。

地方史料包括当地党政机关、社会团体、学校、企事业单位编撰的反映本地历史、政治、经济、文化等方面的图书、图片、图册、报纸、音像制品等。当地的史志史料包括地方志、部门志、企业志、人物志、风情志、风俗志、影像志、党史、校史、厂史、村史、大事记等；民间流传的谱录包括家谱、族谱、宗谱等；民间流传的各类民俗史料包括民间景观图片、历史场景图片、金石拓片、书法作品、绘画作品、歌本、账本、地契等。

地方人士著述包括当地名人志士的资料（家史、传记、书稿、专著、书信等），以及曾在当地任职、居住、工作过的各个时代具有一定影响力的人士著述、日记、信函、传记、字画、回忆录、著作手稿、声像资料等。

地方出版物包括当地各级各部门编印的统计资料、会议文集、文件汇编、年鉴、地图、名录等内部资料和内部出版物，以及其他有价值的文献资料。

地方文化是地方文献产生的源头，是地方文献产生的前提和基础；地方文献是记载地方文化的重要载体，是地方文化的重要组成部分。公共图书馆作为收集、整理、保存文献信息并提供查询、借阅及相关服务的单位，要充分发挥自己的职能优势和业务优势，切实做好地方文化的传承与发展。

二、公共图书馆职能的实现

（一）营造舒适的阅览环境

公共图书馆作为公共场所，为了让读者在良好舒适的环境中进行阅读，应大力营造浓厚的文化氛围。公共图书馆要想吸引读者，必须保障人文环境的优越性。当前，很多城市和大学公共图书馆都非常有代表性。这些公共图书馆既有吸引人的外在优势，又有齐全的设施和良好的内部环境，馆内不仅张贴了名言警句，还有书画长廊供读者参观，馆内随处可见各种宣传资料。在这种环境中，读者可以潜心学习，获得心灵上的满足。

（二）加快信息技术的开发速度

很多公共图书馆中储存了大量的文献资料和信息资源。为了体现公共图书馆的公益性质，这些资源应该得到充分利用。今天，人们对信息有了更多新的追求，如追求更高的效率，更加社会化、综合化等，而传统图书馆已经无法满足读者日益增长的新需求。因此，公共图书馆要加快数字化信息体系建设，采用现代化的管理方式，让读者享受更加优质和高效的服务，从而推动文化发展和社会进步。

概括来讲，公共图书馆的数字化信息体系建设可以从三个方面入手：一是使用计算机技术，让公共图书馆实现自动化、技术化和数字化管理，使公共图书馆的服务更加人性化；二是使用多媒体技术手段，让读者享受的信息服务更为专业和多样，不再囿于时间和空间的限制；三是建成公共图书馆研究中心并聘用专业人员，这些人员可以科学地使用公共图书馆中的文献，为读者提供特色服务，为社会发展作出应有的贡献。

（三）提升馆内文献信息资源的质量

当前是一个知识经济大爆炸的时代，每个行业的竞争都很激烈，只有不断提高综合素质，才能在竞争中占据优势。人们可以通过阅读提升自身的综合素质，公共图书馆就是极其适合的场所。公共图书馆是加工信息和传播文化的场所，人们在此可以享受丰富的教育资源，提高自身的综合素质。因此，公共图书馆应从读者的实际需求出发，并结合自身特色，合理利用馆藏资源。公共图书馆还要科学地分析不同的文献信息，对馆藏资源进行再加工，为读者提供更加高效和便捷的检索查询服务。

（四）建立社会信息咨询服务中心

咨询服务是指从用户需求出发，共享和传递不同的信息。在信息化时代，信息的增长速度难以想象，海量的信息无法得到有效的处理。因此，人们希望能够获得咨询服务机构的帮助，而这些服务工作正在公共图书馆的职责范围内。

众所周知，公共图书馆具有公共性和公益性的特性，而且其信息资源十分丰富。因此，公共图书馆能够为社会提供咨询服务。同时，在增加服务项目后，公共图书馆还可以为读者提供更多具有针对性的服务，从而促进其工作不断进步。

第三节　公共图书馆的馆员素质

公共图书馆馆员作为知识服务者，其服务能力的提升有赖于自身的信息素养和知识水平。图书馆馆员是用户与书籍之间的桥梁和纽带，只有具备与现代化图书馆相匹配的现代化素质，才能促进公共图书馆的现代化发展。

一、公共图书馆馆员的素质要求

（一）公共图书馆馆员的思想素质

公共图书馆馆员需要具备良好的思想素质，主要体现在以下几个方面：

第一，公共图书馆馆员要具有极强的责任心，能够认真、细致地为读者解答疑问，并且实事求是，保证自己的回答是准确的，满足读者的需求。

第二，公共图书馆馆员要具有良好的工作态度，能够热情地服务所有读者，为读者创造更加舒适的学习条件。例如，当读者遇到问题时，公共图书馆馆员可以为读者推荐相关书籍，帮助读者更快地解决问题，提高读者的学习效率。

第三，公共图书馆馆员要注意自己的言谈举止，在为读者服务的同时，一定要严格要求自己，这样才能提高图书馆馆员的服务水平，保证图书馆管理工作的顺利进行。

（二）公共图书馆馆员的专业素质

公共图书馆馆员需要具备扎实的专业技能，熟悉公共图书馆管理的各种流程，通过丰富的管理知识进行图书资源管理。

公共图书馆馆员需要具备的专业素质主要体现在以下两个方面：

一方面，公共图书馆馆员要提升自身的信息化管理水平，能够对图书进行有效的整理与分类，这样有利于图书资源的管理，便于读者查找图书资源。例如，当读者想要阅读教育方面的书籍时，图书馆馆员可以按照图书分类快速地确定教育类书籍的位置，从而为读者提供正确的指引，使读者快速找到想要阅读的书籍。

另一方面，公共图书馆馆员要掌握文献学、目录学等多方面的知识，以便更好地管理图书资源，进而为读者提供更好的服务。

（三）公共图书馆馆员的心理素质

在大部分工作时间里，公共图书馆馆员需要不停地与图书、读者打交道，极易产生烦躁的情绪。因此，公共图书馆馆员需要具备过硬的心理素质，主要体现在以下几个方面：

第一，公共图书馆馆员需要具有极强的意志力，能够克服图书馆管理工作的枯燥，更好地为读者服务，提高公共图书馆的管理质量。

第二，公共图书馆馆员要具备攻克难关的能力。长期与读者打交道必然会遇到一些难题，馆员要及时解决问题，与读者更好地沟通交流。

第三，公共图书馆馆员要做好心态方面的调整，这也是公共图书馆馆员需要克服的难题。因为只有这样，公共图书馆馆员才能够全心全意地投入工作中，避免将工作中的不良情绪带给读者。

二、公共图书馆馆员素质的培养

（一）重视提高馆员的信息素养

当今社会，媒体技术已渗透到各行各业中。在媒体技术环境下，公共图书馆馆员要善于搜索和发掘网络上有价值的信息，并且能够对信息进行快速加工，保证发布内容的及时性和准确性。另外，馆员要重视提升与用户沟通的技巧，对于用户的咨询和评论，要提供合理的答复和建议，维护公共图书馆的良好形象，还要做好工作时间的衔接（主要是网络平台的工作时间，公共图书馆闭馆以后，网络平台要保证有馆员随时在线回复用户的提问）。

在提高馆员业务水平的同时，公共图书馆还要重视利用新媒体技术进行宣传推广，如可以通过微信公众号的语音、视频、超链接等功能推送相关信息，其运作成本较低，操作简单快捷，推送信息精准优质；也可以通过新浪微博在线直播讲座进行推广，其信息传播十分快速，发布信息的门槛较低。公共图书馆还要充分利用各种网络平台的优势，创新宣传推广的渠道和方式，这就需要公共图书馆馆员具备良好的信息素养，从而促进公共图书馆网络平台的建设和健康发展。

（二）加大岗位培训与继续教育力度

在我国公共图书馆事业的发展过程中，管理者应具有发展的眼光，为公共图书馆的发展制定长期的发展规划。公共图书馆在建设中要坚持学用结合与按需施教的原则，建立岗位培训和继续教育体系，并将其贯穿于公共图书馆馆员工作的始终。基于此，应做到以下几点：第一，选择进修教育的方式，在公共图书馆馆员中选择业务能力出众的馆员，为其提供进修的机会，学习目前图书馆领域中的新方法和新理论；第二，鼓励公共图书馆馆员积极主动地参加各类培训或自学相关知识，不断完善自身的知识结构；第三，根据馆员工作岗位和知识结构的不同，组织其参加相应的岗位培训，使其掌握更多的先进专业知识和技术。

（三）加强对馆员的职业道德教育

公共图书馆馆员必须具有较强的责任心和职业道德。提升公共图书馆服务和业务水平的前提就是提高公共图书馆馆员的职业道德素质。通过参加系统的职业道德教育，馆员可以全面认识自身存在的不足，树立崇高的职业责任感和荣誉感，拥有甘于奉献的精神，热爱自己的工作，从而全心全意地为广大读者提供更加优质的服务。

（四）实行岗位轮换制

在当今经济及网络快速发展的大环境下，公共图书馆的阅览、典藏、采访、咨询和流通等工作之间存在紧密的联系。为了使公共图书馆的各项工作能够顺利开展，公共图书馆应实行岗位轮换制度，建设一支综合素质过硬的复合型队伍。公共图书馆馆员通过不同工作岗位的交流学习和轮换，不仅能更加熟悉公共图书馆各项工作的业务流程，而且还能学到更多的服务技能，更加有利于公共图书馆各岗位之间的协调和沟通，促进他们之间的经验交流与互相学习，从而有效地提高公共图书馆馆员的整体素质和服务水平。

第二章　公共图书馆服务概述

第一节　公共图书馆的基本服务

一、公共图书馆的外借阅览服务

公共图书馆的外借服务，是指公共图书馆将馆藏的各类文献资源通过各种文献流通方式提供给读者使用的服务方式，分为文献外借服务、文献阅览服务等。文献外借服务是公共图书馆最基本、最主要的服务方式，其工作质量的好坏是评估公共图书馆工作效益高低的重要内容。

（一）文献外借服务

文献外借服务是指读者与公共图书馆建立一定的契约关系后，公共图书馆将馆藏文献资源在一定期限内出借给读者，使读者可在馆外使用的一种服务方式。

1. 文献外借服务的方式

根据外借服务对象、文献来源、外借方式等的差别，公共图书馆外借服务的方式主要有个人外借、集体外借、馆际互借、预约借书、邮寄外借、流动外借等。

（1）个人外借

读者持借书证以个人身份办理借书手续的一种外借方式。个人外借能满足读者个人的不同需求，是文献外借的基本方式。

（2）集体外借

读者以集体为单位，批量从公共图书馆外借图书的一种外借方式。集体读者按照公共图书馆的规定办理集体借书证，由专人代表向公共图书馆办理文献批量外借，以满足集体读者的共同阅读需求。

（3）馆际互借

公共图书馆之间根据协定相互借用对方馆藏资源以满足本馆读者需求的外借方式。其主要作用是各馆之间可互通有无，弥补本馆藏书的不足，多途径地满足读者需要。

（4）预约借书

读者向公共图书馆预约登记某种暂时被借出的图书；待图书归还后，公共图书馆按预约顺序通知读者。

（5）邮寄外借

公共图书馆借助邮寄的方式为远离公共图书馆而又需要文献的单位和个人读者寄送书刊。《中华人民共和国残疾人保障法》中规定，盲人读物邮件免费寄送，公共图书馆可以通过邮局为视障读者邮寄图书，让他们能轻松、便捷地使用盲人图书资料。

（6）流动外借

公共图书馆通过馆外的流动站、流动服务车等途径，定期将馆藏文献送到读者身边开展借阅活动的服务方式。

2. 文献外借服务工作的内容

（1）办理借书证

公共图书馆发放借书证的对象是全体市民，凡持有个人身份证或其他有效证件（户口本、驾驶证、护照、军人证等）的人，都可以办理个人借书证。

借书卡的材质分为普通纸质卡、PVC（聚氯乙烯）条码卡、智能卡等。普通纸质卡造价便宜，但易磨损；PVC条码卡造价中等，可通过条码识别读者信息；智能卡识别方便、功能扩展性强，但造价高。随着身份证、市民卡、社保卡的智能化和统一化，不少公共图书馆也开始尝试使用现成的居民身份识别证件作为借阅图书的凭证。例如，佛山市联合图书馆、杭州图书馆、青岛图书馆、济南图书馆等都可以使用二代身份证作为借书证，苏州地区各公共图书馆也开始普遍使用当地市民卡作为借书证。

读者办理借书证需收取一定的押金，押金的金额可根据读者申请的借阅权限调整。

（2）文献外借

文献外借要有一定的规定和制度：规定每次可借的册数；限制外借时间（一般为一个月）；明确续借制度，损坏图书、超期的处罚制度；等等。传统的文献外借需公共图书馆馆员手工登记，通过借书证、索书单、书袋卡、借书记录卡等进行管理。随着计算机在公共图书馆的使用，外借服务大多使用计算机进行管理，大大提高了工作效率。

（3）文献续借

读者根据需要在文献未超期的前提下延长借阅期限的方式。文献续借的方法有到馆续借、电话续借、网上续借、短信续借等。不同类型的文献可按需求制定不同的续借规则。公共图书馆必须规定在某些情况下不允许读者续借，如读者证已过期、读者有过期未还文献、读者欠费达到一定额度、超过可续借的次数等。为了保障每个读者公平享用资源的权利，一般同一读者当前借阅的图书最多续借一次。

（4）文献催还

文献催还服务分为三种：预期催还、超期催还和预约催还。预期催还就是读者所借阅的文献即将到期而进行的催还；超期催还是读者所借阅的文献已经超过规定期限没有归还而进行的催还；预约催还指读者对正在借出状态的文献提出预约要求，提示持有者按期归还（即催还），并不再续借。文献催还的方式主要有电话通知、手机短信提醒、邮寄催还单、网上发布等。

（二）文献阅览服务

文献阅览服务是指公共图书馆利用一定的空间设施，供读者在公共图书馆内阅读馆藏文献的一种服务方式。通过馆内阅览，读者可以更全面、更有效地使用馆藏资料。

文献阅览服务主要通过各类阅览室开展工作。阅览室的种类很多，为了正确地设置阅览室，科学地管理阅览室，公共图书馆可按以下标准划分阅览室的类型：按知识门类划分，可以设置社会科学阅览室、自然科学阅览室、地方文献阅览室等；按读者对象划分，可以设置少儿阅览室、视障阅览室等；按出版类型划分，可以设置期刊阅览室、图书阅览室、工具书阅览室、视听资料阅览室等；按文献文种划分，可以设置中文文献阅览室、外文文献阅览室和少数民族文献阅览室等。文献阅览服务的内容包括：合理规划、布局各类文献资料；认真布置阅览环境，营造阅读氛围；积极推进阅读指导，推广阅读服务；提升参考咨询服务的质量等。

公共图书馆作为公共文化设施，应为读者提供免费阅览服务，让所有市民自由出入公共图书馆，真正体现公共图书馆的公益性和开放性；同时应建立开架阅览和藏、阅、借结合的服务模式，为读者提供多元化的阅读服务。

对于开放时间，《公共图书馆服务规范》中规定："公共图书馆应有固定的开放时间，双休日应对外开放。其中省级馆每周开放时间不少于64小时；地级馆每周开放时间不少于60小时；县级馆每周开放时间不少于56小时。各级独立建制的少年儿童图书馆每周开放时间不少于40小时。"

二、公共图书馆的咨询服务

（一）参考咨询的含义

公共图书馆的咨询服务的实质是以文献为根据，通过个别解答的方式，有针对性地向读者提供具体的文献、文献知识或文献途径的一项服务工作。该定义明确指出，咨询的基础是文献，咨询服务以文献为主要依据，针对读者在获取信息资源过程中提出的各种疑难问题，使用各种参考工具、检索工具、互联网以及有关文献资源，为读者检索、提供文献及文献知识或文献线索，或在读者使用他们不熟悉的检索工具时给予辅导和帮助，以解答读者问题。

（二）公共图书馆咨询服务的类型

公共图书馆的咨询服务既包括被动接受读者询问，也包括主动宣传报道、信息推送；既包括馆内咨询，也包括馆外咨询；既包括通过个别辅导方式帮助读者查找信息，也包括开展各类读者教育活动普及推广信息；既包括普通咨询服务，也包括专题文献研究和服务等较深入的咨询服务；既包括面向普通读者的咨询服务，也包括面向政府机构、企业等特定人群的咨询服务；等等。

1.普通咨询服务

普通咨询服务是由工作人员接受读者咨询提问并提供解答，一般问题难度不大，可较快解决。按照读者提问的内容特征，普通咨询服务可分为向导性咨询和辅导性咨询。向导性咨询的问题都是一些基本问题，如某某阅览室在哪儿、图书馆的开放时间等。工作人员可以将问题进行归类，整理成参考咨询手册或"常见问题"，以便快速回答或统一口径回答。辅导性咨询是指针对读者在查找资料过程中出现的各种问题而进行的咨询服务活动。针对读者提出的一般性知识咨询，公共图书馆馆员可以通过查阅各种相关的工具书查找线索或答案，然后直接回答读者，或指引读者使用某一工具书，帮助读者直接阅读有关咨询问题的资料。对于读者在查找文献过程中因不熟悉检索方法而遇到的困难，公共图书馆馆员可以充分发挥自己熟悉馆藏、熟悉检索工具的优势，给读者以检索方法的辅导和帮助。

2. 为地方政府提供决策服务

领导机关的决策牵涉面广，任何疏忽都可能对社会、老百姓造成不良后果。因此，政府在作出一项决策之前，需充分了解各种信息。公共图书馆作为社会公益性机构，理应为政府及领导提供决策参考服务，以提高决策的科学性。决策服务的内容包括立法决策服务、政治决策服务、经济决策服务等。公共图书馆提供决策服务的方式包括：以地方政府及政府决策执行部门作为服务的对象，为其提供专项信息咨询服务；与政府有关部门合作编制具有影响力、具有品牌效益的信息产品；根据地方政府关心的大事、突发事件编制专题信息简报；参与地方政府支持的课题研究；为政府决策部门开通网络信息服务绿色通道；等等。

（三）公共图书馆咨询服务的方式

公共图书馆咨询的服务方式有传统咨询和网络咨询两大类。传统咨询方式常见的有到馆咨询和电话咨询。公共图书馆各阅览室都设有咨询岗，工作人员可以为读者提供文献查询、检索服务等全方位服务。公共图书馆总服务台可以提供电话咨询服务，各个阅览室也可以提供电话咨询服务，读者可以打电话询问开馆时间、办理续借书刊等。网络技术的迅速发展和应用，使传统咨询的提问和解答方式都发生了重大变化，出现了信息推送和虚拟咨询等通过网络完成的咨询服务。国内外许多公共图书馆和信息机构相继加入可提供数字参考咨询服务的行列，使咨询服务这一具有100多年传统的文献信息服务在服务模式、工作方法、参考资源乃至服务对象等方面都发生了根本性的变化。

三、公共图书馆的阅读推广服务

阅读推广是指公共图书馆通过开展各种阅读活动，向广大市民传播知识，培养市民的阅读兴趣，促进全民阅读。阅读指导的目的是满足读者的阅读需求，而阅读推广则是为了激发这种需求。阅读推广活动既是对阅读本身进行推广，也是对阅读指导服务进行推广，同时是公共图书馆一种很好的自我推广方式。

（一）阅读推广的契机

除了日常的阅读推广外，公共图书馆可以把各种节日、纪念日及某些特殊的时间段作为阅读推广的主要契机，举办大型阅读推广活动和专题推广活动。例如："4·2"国际儿童读书日，公共图书馆可以举办儿童阅读推广活动，架起儿童与图书的桥梁，促进儿童阅读，引领儿童成长。"4·23"世界读书日，公共图书馆可以联络社区、学校、出版社等开展丰富多彩的阅读日庆典活动，把读书宣传活动变成一场热热闹闹的欢乐节日庆典。图书馆服务宣传周，公共图书馆可以开展各种便民利民活动，增强全社会的图书馆意识，提高图书馆利用率，以树立图书馆的良好形象。寒假、暑假期间，公共图书馆可以在学生相对轻松的时间段，根据不同年龄段学生的特点组织夏令营、征文比赛之类的读书活动。其他节日，如在儿童节、国际盲人节、重阳节等节日，公共图书馆可开展针对少年、儿童、视障人士、老年人的阅读推广活动。

（二）阅读推广的方式

1. 图书展览

公共图书馆可以针对不同人群和需求，开展专题或精品图书展览，直观地将图书展现在读者面前，吸引他们阅读和外借。例如，公共图书馆可以举办针对小朋友的绘本展、针对本地文化研究者的地方文献专题展等。

2. 推荐书目

公共图书馆可以针对某一特定人群或特定目的，围绕某一专门问题，对文献进行分类和筛选，选出最合适的图书推荐给读者。推荐书目不仅能引导读者阅读，更能激发读者爱书、读书的热情，是阅读选择过程中的重要辅助工具。

3. 演绎名著

公共图书馆可以通过诗文朗诵、音乐会、影视欣赏的方式，演绎名著、名篇，激发读者对经典的兴趣，培养良好的阅读习惯，享受阅读的乐趣。对于少年儿童，公共图书馆则可以通过故事会、角色扮演的方式，演绎经典童话、绘本书，让他们从小养成对阅读的兴趣和阅读的习惯。

4. 公益讲座

讲座是一种有效的知识传播手段，从一定意义上来讲也是一种推广阅读的活动方式。读者通过讲座获取书本知识，养成阅读和求知的习惯。公益讲座近几年在公共图书馆兴起，通过专家、名人讲座，读者可以更亲近阅读，体会读书的乐趣。

第二节　公共图书馆的服务理念

随着网络信息技术的发展，公共图书馆正日益面临着文化传播载体和传播方式的变革所带来的冲击和挑战。在现代信息社会中，公共图书馆要想赢得竞争优势，提高服务水平和质量，就要树立正确的、先进的、科学的服务理念。

一、服务理念的概念和作用

（一）服务理念的概念

服务理念是人类众多理念的一种，是指人们从事服务活动的主导思想。它反映了人们对服务活动的理性认识，是各种服务活动的核心，是服务组织在创造价值的过程中，对客户或服务对象的服务原则、服务态度、服务方式的集中体现，是服务组织规范服务人员心态和行为的准则。顾客购买、体验某种服务，并不是为了"拥有"这种服务，而是使用这种服务来获得某些功能和效用。通俗地讲，服务理念是指服务组织用语言文字在单位内外公开传播的、一贯的、独特的，以顾客为导向的服务主张和服务理念。

服务理念主要包括宗旨、使命、目标、方针、政策、原则、精神等。宗旨是服务组织建立的根本目的和意图，使命是服务组织在社会经济发展中承担的责任和义务，目标是服务组织运行和发展预期达到的境地和标准，方针是服务组织在经营管理上总的发展方向和指导思想，政策是服务组织在处理内外关系或配置资源时所提出的具有倾向性的观点及实施方案，原则是服务组织在其行为中恪守的准则或坚持的道理，精神则是服务组织较深刻的思想或基本的指导思想。在服务理念中，"宗旨"和"精神"的思想层次较高，但比较抽象，缺少操作性；"目标""方针""政策"较具体，比较容易操作，但思想层次相对较低；而"使命""原则"的思想层次、操作性介于上述两组理念之间。

服务理念在实践活动中存在外显化与内隐化两种形态。内隐化的服务理念是指能够和实践相统一的服务理念，已经成为一种组织文化。此时"服务"二字已经深深地扎根于服务组织所有人员的内心深处，他们虽然不一定能够清晰地意识到，但"服务"时刻支配着他们的行动和行为，引导他们能够忠于职守，踏踏实实地为社会和顾客服务。外显化的服务理念是指与实践相脱离的服务理念，是口号式的"只说不做"的服务理念。实际上，这种"服务"并没有真正深入服务组织人员的内心深处，还仅仅处于一种很肤浅的表面的层次，并不能很好地支配他们的行动。例如，很多公共图书馆和馆员可能都认识到，其职责就是全心全意地为用户服务，但在其实际工作当中，他们却往往置用户的根本利益于不顾，经常做出一些违背用户利益的事情。

（二）服务理念的作用

服务理念在服务活动中发挥着以下作用：

一是有利于服务的有形化。服务组织的服务理念作为一种思想，一般都是以语言文字的形式向顾客公布和传达的，而语言文字是"有形"的信息，"有形"的服务理念有利于无形服务的有形化，而且理念本身正是服务有形化所要提示的主要内容。但如前面所述，服务理念的"有形化"本身是不够的，还必须内化在人的思想深处，成为一种自觉意识。

二是有利于体现和建立服务特色。比较优秀的服务理念往往是独特的，有个性、有特色的。

三是有利于发挥服务组织人员的工作积极性和创造性。服务理念的一部分是针对服务组织的内部员工，主要用于激励他们。同时，服务理念还能统一全体员工的思想和心态，而服务行为正是来源于员工的思想和心态，思想和心态的统一有利于整个服务组织的服务行为的统一。

四是有利于监督服务组织员工的服务行为。既然服务理念的一部分是针对服务组织员工的，并且是向顾客公布和传达的，因此服务理念一方面能对员工的服务行为起到某种警示作用，另一方面能引导顾客监督员工的服务行为。

二、公共图书馆服务理念的基本内容

20世纪80年代中期，我国提出了"读者工作是图书馆工作的出发点和归宿"的服务理念，对我国公共图书馆的服务工作起到了极大的推动作用。进入21世纪后，又有一些新的服务理念指导着公共图书馆服务工作的理性发展。21世纪的公共图书馆应该具备以下一些服务理念：

（一）"以人为本""用户至上，服务第一"的服务理念

从哲学的角度看，所谓的"以人为本"就是正确认识和处理人与其他生产要素的辩证关系，重视人的创造力及其主导、能动和决定作用，将人作为"活力源"，从而形成的关于人的科学理念。从知识的角度说，"以人为本"符合辩

证唯物主义的认识论。作为公共图书馆来讲，人、财、物、文献管理、信息开发、服务纵然千头万绪，但这一切都是受人管理和支配的，是通过人的工作和劳动去实现的。

在公共图书馆的服务中，坚持"以人为本"的服务理念，指的是在服务工作中，不管何时何地，都要"用户至上，服务第一"，要把"为一切用户服务""一切为了用户""满足用户的一切合理需求"作为公共图书馆服务工作的出发点和归宿。公共图书馆的社会价值主要体现在满足用户的需求上。一个公共图书馆办得好不好，其办馆效益、社会价值如何，主要体现在读者对使用公共图书馆的希望程度，对服务项目和服务标准的信赖程度，对服务人员素质和服务水平的满意程度，以及对服务效果的认可程度。

公共图书馆工作以用户为主导，主要体现在以下三个方面：一是馆藏文献信息是否符合用户需要，馆藏的信息、知识量度、内容价值必须由用户作出判断；二是馆员的服务态度、服务能力、服务效果必须由用户来评价；三是图书馆的各项业务建设、规章制度、服务项目及设施是否满足用户的要求。"用户至上，服务第一"的表述与商业市场提出的"顾客至上"没有本质的区别。因此，国内外许多公共图书馆将"用户至上，服务第一"作为指导思想。为充分体现这一指导思想，公共图书馆成立了读者工作委员会，对公共图书馆的工作进行具体指导；定期向读者汇报工作，出版工作年报，如实反映公共图书馆取得的成绩和存在的问题，接受全社会监督；推行义工制，邀请积极分子义务协助公共图书馆的工作；等等。

（二）重视服务成果

重视服务成果的观念对于强化服务的目的性非常重要。这具有两层意思：一是不仅要把服务作为公共图书馆的一个工作过程，更要把它当作一个目的。既然是目的，就得要看重服务成果，这种成果包括服务活动中的工作成果和开发文献信息产品的成果。为此，服务工作自始至终都要具有需求理念，要经常性地开展调查研究，并建立长期的反馈系统，不断改善服务，提高工作质量，争取获得最大的效益。二是要重视服务成果而不是异化服务成果。对公共图书馆的服务成果要正确地分析和对待，这是一个潜移默化的过程，有一定的局限性，不可能立竿见影，一般都是由量变到质变。所谓异化用户的劳动成果，就是将用户自身的努力、创造所取得的成就都归结于图书馆的服务，公共图书馆往往对此广为宣传，并向用户颁发"读书成果奖""读书贡献奖"等。目前，一些公共图书馆为显示自己的服务成果，一些用户为获取殊荣及在公共图书馆得到相应的服务优惠条件，彼此需要的"双向动力"似乎使此项活动异常火热。对服务成果的异化，也是对用户劳动成果的异化，切不可作为提高公共图书馆社会价值的举措。

（三）竞争的理念

在谈到服务产品的微观特征时，我们曾提出它具有相互替代性。公共图书馆的服务也具有一定的替代性，它与社会其他服务活动关系密切，彼此间相互补充，从而形成了一种竞争。

近几年，广播、电视、文娱、体育、信息网络正在日益发展，任何人都无法摆脱社会文化的影响和制约，也同时参与文化的活动与创造。当今公共图书馆的生存条件正面临着重大挑战，人们不仅可以享受丰富多彩的广播、电视节目，还可以不出家门使用网络图书馆来获取各类信息，甚至可以在网上书店购买图书。在所有竞争对手中，网络对公共图书馆的冲击最为明显。网络仿佛是一个庞大的图书馆，随时向人们提供无所不包的信息，任何人只要家里拥有一台电脑，连接网络，就可以跨时空、跨地区地漫游世界。网络的发展势必会削弱人们对公共图书馆的依赖程度。同时，面对开放式的环境，用户与网络之间的连接属于一种人机对话交流形式。这种交流形式没有传统公共图书馆服务形式中一些人为负面因素的影响，既能较好地满足用户迅速获得文献信息的需求，还节约了人们往返公共图书馆的时间、交通费用等成本。在这种情况下，人们将有对上网或是去公共图书馆进行选择的权利，若能够在家里即可享受阅读的乐趣，还有谁愿意花时间和精力前往公共图书馆呢？

大众传媒及信息网络发展的动力是科学技术与社会需求，它们对公共图书馆既构成一种冲击，又为公共图书馆的发展提供了一种动力和机遇。纵观精神文化的求乐、求美、求知的总体功能，公共图书馆作为社会求知的知识载体将永远在精神文化中处于龙头地位。一些调查数据足可证明，即使在经济较为发达的西方国家，阅读，尤其在图书馆中的阅读，仍然具有不可替代的作用。

此外，有人认为，公共图书馆真正的竞争对手是书店以及各种形式的社会读书组织。目前，书店越来越多，它们将售书与为读者提供放松的读书、选书方式结合，阅读环境舒适、自由，尤其是特价书市的出现，使顾客更喜爱阅读。

社会读书组织，诸如书友会、读书社、读者沙龙、读者俱乐部、图书银行等等，它们采取会员制方式，收取少量的费用，为读者提供互惠借书或优惠购书等优惠，远比公共图书馆的服务灵活、方便，颇受读者欢迎。这两种方式已对公共图书馆的服务工作构成了威胁与挑战。为此，公共图书馆应该充分发挥自己的优势，努力克服封闭、保守的状态，进一步深化信息开发，加强网络化与数字化建设，提升服务人员素质与服务水平，化被动为主动，力争在各类精神文化服务方面突出自己的特色，使人们更愿意前往公共图书馆阅读与参与活动。

（四）特色服务的理念

在科技、经济、教育迅速发展，社会需求日益多样化的环境下，扩大规模，全面出击，并不是公共图书馆发展的最佳出路。相反，盲目的外延式发展有可能使公共图书馆在将来陷入进退两难的境地。有许多企业对此有许多深刻的经验教训，如一味地扩张产业会使企业难以生存，而特色产品和服务却往往能够在竞争中占据优势。公共图书馆没有必要去追求自身规模的大而全，而应树立特色服务的理念，充分利用网络和图书馆资源的优势开展特色服务，以在激烈的社会竞争中求生存、求发展。

近年来，北京、上海、湖北等地出现的特色图书馆和图书馆特色服务是非常成功的，获得了社会和图书馆用户的一致赞誉。特色图书馆和图书馆特色服务是在改革开放和市场经济这个大背景中孕育出来的具有中国特色的新事物，它的出现给我国的图书馆事业注入了新的活力。从发展的轨迹看，特色服务是在图书馆改革实践中从传统的常规服务中派生和发展起来的，表现出"人无我有，人有我优"的特性，并在长期的工作实践中逐步形成并稳定下来。特色服务的"特"主要有三个方面：

其一，对象上的特色。特色服务的服务对象往往突破了区域界限和用户服务工作常规，体现了"为一切用户服务"的宗旨。

其二，服务方式上的特色。特色服务改变了传统的工作人员坐在前台等用户上门的被动服务模式，而是走出图书馆的大门，在更为广阔的空间为用户提供多样的服务，体现了"一切为了用户"的宗旨。

其三，服务内容上的特色。图书馆开展特色服务，为用户提供一些专题和学科的馆藏文献，即为用户提供比较专业和专门的服务。

虽然特色服务的方式呈现出多样化的格局，但是这些特色服务方式也具有一些共同特点：

一是适应社会公众的需要。特色服务项目的设立，充分考虑了社会公众的需求程度和地区环境特点，因而具有强大的生命力和深厚的社会基础，这是做好特色服务的先决条件。

二是具有专题馆藏资源的优势。图书馆的特色服务必须建立在文献资源特色化的基础上，并以此构成用户服务的基础，为取得较好的服务效果铺平道路。失去了这一优势，特色服务只是一种奢望和空谈。

三是采用现代化的服务手段。例如，在文献载体上，由单一的印刷型书刊转变为书刊、音像制品和电子出版物、数字文献等多种载体；在服务方法上，由最初的借还模式转变为集文献的采集、流通、辅导、咨询以及情报信息服务于一体的新模式；在服务手段上，已不完全依靠手工操作，而是借助于计算机和网络技术进行文献信息的管理开发和利用。

（五）协作服务的理念

由于现代科学技术迅速发展，文献数量急剧增长，任何一个公共图书馆都不可能把某一学科文献收集齐全。而现代社会生活丰富多彩，用户对文献信息的需求越来越多，无论在哪一个图书馆都不可能完全得到满足。由于社会分工高度专业化，文献信息服务活动整体化已形成互相依存、互相促进的态势，图书馆联盟的作用日益凸显。人们越来越依赖于行业内与行业间的合作与交流，从而使交流与服务更加多元化。

几十年来，为使自身形成一股群体力量，各个公共图书馆也开始协调与协作，并取得了一定的成绩。但与当今社会发展要求尚有一段距离，特别是文献信息资源"共建共享"工作中存在着实际行动少，共享的兴趣高、共建的积极性低，目的性不明确，直接为用户服务的社会效益不明显等问题。公共图书馆服务特别是馆际互借和文献传递服务未得到有效利用，不少公共图书馆的服务工作局限于本馆的文献信息资源，服务工作组织管理人员缺乏资源共享观念，造成服务拒绝率较高。公共图书馆协作服务的目的在于提高服务的能力与水平，使服务形式更加灵活多样，服务内容更加丰富全面。公共图书馆协作的组织形式是成立各种各样的图书馆服务联盟。鉴于信息网络已经成为全球化的格局，各图书馆在协作架构中怎样去组织、加工各种传统文献信息资源，并有效地利用网络资源是服务工作中不可忽视的问题。

公共图书馆的协作服务实践要在各馆之间充分协调，从用户需求出发，选择关系全局、用户受益比较大的项目进行，除了要确定图书馆的资源建设方向外，还要解决为用户提供什么信息等问题。书目信息是公共图书馆开展服务、组织文献资源流通的基本手段，是文献信息资源"共建共享"的基础，公共图书馆务必优先集中力量做好其检索工作。因为，知识不仅靠积累，更重要的是靠检索。

公共图书馆的协作服务对象还应该包括社会团体及用户群，只有把公共图书馆融入社会，并从中有效地获取、利用资源，才能互相服务，彼此信任，良性互动。协作与竞争是对立的统一，为了共同的利益开展协作，从协作中显示自身的实力就是竞争；而竞争又是为了共同的利益，更好地提高公共图书馆的协作水平。

（六）信息无障碍服务

平等地获取知识信息是最基本的人权。19世纪以来，世界各国的图书馆先后开展了内容丰富、形式多样的信息无障碍服务，为残疾人创造了学习和接受教育的良好环境，让残疾人有机会享有图书馆为其所提供的各类公共服务。

在工作实践中，信息无障碍服务理念可在以下几方面予以体现：

（1）以无障碍理念来设计图书馆建筑，如设计残疾人专用坡道、盲道和相关卫生设施。

（2）从方便读者的角度出发，设身处地地为残疾读者着想，开展送书上门服务。

（3）利用现代信息技术，大力发展网络服务和虚拟参考咨询服务。

（4）摆脱传统的图书馆空间和文献资源按文献载体和文献类型布局的模式，改为按文献的内容、主题来划分，方便读者检索、阅读文献。

（5）根据残疾读者的具体服务需求量身定做，开展个性化服务。

上海图书馆是国内信息无障碍服务开展比较早的图书馆，1996年就构建了物理无障碍的建筑环境，并开辟了盲文阅览区。从2002年5月开始，上海图书馆还与上海邮电局合作，开展了为视障读者提供免费送还书上门服务，其中不仅包括免费邮寄盲文读物，还包括免费邮寄录音磁带。

三、公共图书馆服务理念的创新

（一）公共图书馆服务理念创新的实质

公共图书馆服务理念创新是通过更新观念，使图书馆工作人员主动为用户提供信息服务，是以提高服务质量为标准的更新和创新。创新的实质是"一切为了读者"的推陈出新，主要体现在其服务内容的丰富和完善上。

信息时代，知识更新速度加快，为用户提供的信息内容只有具备了"快""新""精""细"的要求时，才能称得上真正意义上的服务创新。公共图书馆必须深化信息服务内容，充分挖掘馆藏实体资源和虚拟网络资源的内在价值，传统与现代互为促进，满足不同层次读者的需求，这是公共图书馆服务理念创新的实质内容。

（二）公共图书馆服务理念的创新内容

公共图书馆服务理念的创新是相对传统而言的，创新不一定就是对传统的批判或放弃，更不是一味地标新立异，更多的应该是继承和发扬光大。公共图书馆服务理念的创新主要包括以下几个方面的内容：

1. 自由、平等、博爱理念

自由、平等、博爱是国际社会倡导的社会公义，也是国际图书馆界倡导的服务理念。图书馆界重视人的尊严与价值，包容人的弱点，强调为残疾人和其他弱势群体提供特色服务，充分体现了"自由、平等、博爱"的精神。自由、平等、博爱在图书馆服务中更多地表现在"平等"获取知识的权利上。

在社会各界有识之士的共同努力下，公共图书馆平等服务的理念逐步受到重视，知识公平理念逐渐成为行业共识，自由、平等、博爱的理念也逐渐被人们所接受。

2. 从"读者第一"到"用户第一"理念的转变

对整个公共图书馆的服务来说，读者至上是永远正确的，也是最重要的。21世纪的公共图书馆不仅仅要考虑"读者第一"，更要考虑"用户第一"；不仅要重视人们对公共图书馆的阅读需求，还要重视图书馆不只为本地区、本部门的用户服务，而且要为本地区、本部门以外的所有人服务。在"用户第一"的理念下，许多公共图书馆必须反思自身服务方式的不足，如凭借书证发放座位牌、不准到图书馆自习、将不看书的读者赶走等，这种种做法在考虑阅读保障的时候却忽视了用户使用公共图书馆的权利。公共图书馆既要改善阅读条件，吸引读者前来阅读，又要改善其他条件，吸引用户来享受公共图书馆的所有资源。

3. 以人为本，从心开始

公共图书馆的服务要以人为本，处处把人放在最重要的位置。长期以来，公共图书馆的服务存在很多非人性化现象，如在馆内设置监视器，每个阅览室都装有防盗装置等。人性化服务是以尊重人、理解人为前提的，充分考虑人的需求，最大限度地给予人以自由空间的服务。过去强调制度，现在强调人性化。制度是基础，人性化是方向，两者必须结合起来。比如香港城市大学图书馆，它看上去就像一个家：图书馆的门口一侧有一个嵌在墙里的还书箱，进入图书馆，借书、咨询和阅览一应俱全，阅览室里有各式各样的阅览桌椅，阅览桌旁边有沙发，还有小的圆桌，看报纸、看书都行，用电脑也行，每个阅览桌旁边都配有废纸篓，侧面的墙上还有许多挂衣服的钩子，使读者感觉很舒适、很温馨。所以，人性化服务不是口号，而是具体的行动，是细微处见真情的服务。

智能技术的广泛应用使人们获取信息更加方便快捷，但人们也意识到，虽然技术给人们带来了便利，但也有深深的遗憾，那就是人文环境的缺失以及虚拟交流给人们的心理、生理造成的影响。公共图书馆不仅要专注于利用先进技术提升服务质量，还要更加重视和践行"以人为本"的服务理念，加强公共图书馆人文环境的持续构建。

无论时代如何改变，"人"是永恒的主题，无论环境变得多么复杂、多么智能，一切活动都还需要人来参与，无论人们从事何种活动，都需要从"心"开始。

也就是说，人是在一定情感、意志影响下从事实践活动的。积极的情感情绪会给人们所从事的工作注入新的活力，推动工作向更好的方向发展；反之，消极的情感情绪则会阻碍工作的顺利进行，公共图书馆的工作亦然。以人为本，最简单的含义就是要关注人的情感情绪，从而促使人在积极的情绪状态下去工作。

4. 用户参与，资源共建

公共图书馆所构建的丰富的软硬件资源以及所提供的各种类型的服务之所以被用户冷漠地对待，就是因为我们一直在一厢情愿式地构造和付出着这一切。长久以来，我们一直关注的是我们能向用户提供什么，而没有重视用户能为我们提供什么，用户能为其他用户提供什么。我们一直缺少的就是 Web 2.0 所倡导的"用户主导、用户参与、用户分享、用户创造"这样一种核心理念，而泛在智能的产生和应用使得公共图书馆以用户为中心的核心价值观有了更加现实的技术基础和环境基础。公共图书馆的发展要将这一理念贯穿到资源建设与服务的全过程中来，通过应用 Web 2.0 和泛在智能的相关技术，让用户付出时间和精力来真正参与到公共图书馆的资源建设中，从而让用户开始重视这份投入，在乎这份关系，并乐于分享其建设成果。

公共图书馆邀请用户参与资源建设不是随意性的，而是有针对性的，其目的是通过特定的用户来了解其他用户的真正需求，让部分用户成为馆员与用户之间沟通的桥梁。因为，用户在面对用户时能够很容易地理解对方的真正需求，能够给公共图书馆的资源建设提出很多合理化的建议，同时，让更多专业用户与图书馆馆员合作共建专题信息还可以提高图书馆资源利用率。

在加大用户参与公共图书馆资源建设的同时，公共图书馆还要积极与各相关单位合作，共建图书馆资源，以解决各图书馆目前广泛存在的经费紧张、空间有限、技术设备相对不足等问题。具体做法为：首先，各高校图书馆要根据学校学科发展和专业特点合理购买本馆用户所需的纸质资源和数字资源以作为基础保障；然后，再加大力度收集网络中与各重点学科相关的网站和各种网络数字资源，建立专题知识库，充实本馆馆藏；最后，通过建立联盟的方式在利益平衡机制的前提下合理购买和共建共享资源，以优化本馆的馆藏资源体系。现代图书馆还要打破物理图书馆与数字图书馆之间的界限，积极利用数字图书馆对信息的搜集、组织、分析、传播的传统优势。另外，公共图书馆还应加强与其他信息服务机构的合作，如出版社和数据库商以及电信部门和网络服务商的跨界合作，达到资源、设备的充分共享，从而满足用户对信息的需求。

5. 单"体"联合，实虚结合

全媒体时代，图书馆的"体"不仅包括了图书馆的物理体，还包括了物理体内更小部分的物理体，以及它们所分别对应的网络环境中的虚拟体。也就是说，我们不仅要关注图书馆的软硬件资源配置、环境等外在条件，同时要在这种大的物理体之内根据用户的兴趣与需求建立更多小的物理体，如信息共享空间、兴趣学习小组、精品图书导读组、专家咨询组、学科服务组、资源导航组等，并在网络中建立相应的虚拟社区，以实现图书馆"实虚结合"的建设理念。为适应全媒体时代中图书馆资源与服务无所不在的特点，图书馆还需应用开源软件、语义网、Web 2.0等将图书馆的资源与服务制作成客户可以使用的App，用户可以自行安装在自己常用的电子设备或智能手机上，从而实现不必访问图书馆网站就可直接获得图书馆相关的资源与服务。

我们必须明确，图书馆各项工作的目的并不仅仅是为图书馆带来经济利益，更多的是将图书馆的信息资源和人才优势与信息机构的营销手段和资金优势相结合，从而让更多的用户了解图书馆，对图书馆持有正确的认识，最终愿意接受和使用图书馆所提供的各种服务，并使图书馆的资源与服务发挥更大的社会效益。图书馆不仅要内部联合，还要与相关的服务机构联合，以联盟的形式为用户提供各种服务。这种联盟绝不是一种简单的联合，而是要打破以往以馆为单位的联盟，改为由不同图书馆的馆员组成的不同的具有独立领导能力的服务小组，提供灵活多变的服务方式与服务内容，即根据图书馆所服务的用户的类型、目标、兴趣、所在区域等的不同，将图书馆联盟的所有成员按专业、兴趣、年龄、能力等划分成许多独立的服务小团体，用户可自如地融入各个需要的用户群中去，服务小团体的构建也可视用户需求的变化不断地重组。

6. 树立知识服务理念

知识服务是一种新的服务理念，是注重对信息资源的深层次开发和利用，注重知识资源增值的一种服务。与传统信息服务的区别在于：①传统信息服务关注的是为用户提供了什么信息资源，而知识服务关注的是为用户解决了什么问题。②传统信息服务只需关注用户简单的提问，满足用户的文献需求；知识服务则是一种逻辑获取服务，通过对信息的分析重组，形成新的知识产品。③传统信息服务只需要为用户提供具体的文献信息，而知识服务致力于帮助用户寻求或形成"解决方案"。④传统的信息服务更多的是对资源的占有,通过"劳务"来体现自身价值;知识服务关注其服务的增值,希望利用自身的知识和能力,为用户提供具有独特价值的信息产品。为此,知识服务需要公共图书馆馆员努力成为"一专多能"的复合型知识人才,可以将分散在相关领域的专业知识加以提炼,形成符合用户需要的"知识精品"。

7. 营销服务理念

营销服务需要公共图书馆全员的共同参与。公共图书馆的领导是否具备营销服务理念、是否重视细节是公共图书馆开展营销服务的前提。公共图书馆的领导往往更重视如何去发展,容易忽略已经发展的、有基础的、看似简单却不容易做好的日常工作,然而,它们却是公共图书馆发展的重要组成部分。因为只有通过各种规章制度将细节制度化、规范化,建立各种"反馈""激励"机制,公共图书馆才能确保营销服务深入开展。中层管理人员应该将工作重点放在如何让细节不断完善上,还应做好员工的培训工作,营造和谐的服务文化氛围。一线工作人员的工作重点是用心做好本岗位的营销服务,一丝不苟。总之,营销服务只有领导重视、基层执行有力,才能体现其精髓。

8. "零服务"理念

"零服务"的理念是从企业管理中提炼出来的一种理念,这个理念本身是要说明没有(不需要)售后服务是最好的服务。后来人们把这一理念用到了服务上。"零服务"理念的具体内容包括"零距离"服务、"零缺陷"服务、"零投诉"服务。从公共图书馆读者服务角度分析,"零距离"服务是一种体现公共图书馆服务人员（馆员）与服务对象（读者）之间诚实、信任、贴近、真情、温馨、高效的服务。馆员与读者交朋友，建立起信任关系，让读者在公共图书馆的服务中体会到馆员服务的人情味，提高读者的满意度。"零缺陷"服务就是要求公共图书馆必须尽善尽美、没有缺陷地为读者服务。"零投诉"服务是公共图书馆的最高服务追求，通过卓有成效的服务，减少读者投诉，直至达到"零投诉"。近年来，公共图书馆虽然改进了服务方式，但在为读者服务的过程中还存在很多不尽如人意的地方。例如，有的公共图书馆馆员和读者之间缺乏有效沟通，甚至因为馆员服务态度的问题致使馆员和读者之间产生一些矛盾。如果不能满足读者的要求，公共图书馆馆员要耐心地解释原因，诚恳地请求读者谅解，同时想办法为读者解决问题。如有的读者需要某种图书，但该书已被其他读者借出，遇到这种情况，公共图书馆馆员要细心地向读者解释，并向读者推荐其他的相关图书或利用网络为读者提供该书的电子版。把"零距离""零缺陷""零投诉"的服务理念用于指导公共图书馆的读者服务工作，不仅可以满足读者的需求，而且可以使读者享受到愉快的服务。公共图书馆要推行"零距离""零缺陷""零投诉"的服务理念，必须加强馆员培训，提高馆员的素质，尽量缩短读者需求与公共图书馆服务之间的差距，真正实现公共图书馆服务的"零距离""零缺陷""零投诉"。

9. 精细化服务理念

精细化服务就是人性化服务，真正做到以客户为中心；精细化服务就是高品质服务，在用户群中有口皆碑；精细化服务就是超值化服务，让客户得到意料之外的价值；精细化服务就是创新式服务，服务方式灵活多变。精细化服务注重细节，强调人性化，以客户为中心，按客户的需求提供服务。精细化服务的方式灵活多变，在细节处显示出对客户的尊重，用真诚换来客户的信任，正确对待客户的抱怨，为客户着想，了解客户的心理，热情主动细致，从小事做起，服务到位。在数字化、网络化发展的今天，公共图书馆服务的硬件设施有了一定的改善，但公共图书馆服务的软件条件与国外相比，仍存在明显差距。如公共图书馆购买了专业的数据库，引进了先进的知识服务系统，为读者查找资料提供了良好的平台，但其宣传培训工作没有做到位，致使有的读者不了解数据库的使用方法。这说明，公共图书馆有了好的信息产品，还要提供好的服务。公共图书馆不但要引进数据库，建立检索系统，而且要大力发挥数据库的作用，做好宣传培训工作，使读者能通过数据库查找到自己所需的信息。公共图书馆可通过开设文献检索课，开展新生入馆教育、电子资源使用指南讲座，发放宣传册、问卷调查及通过网络在线问答、主页滚动信息、口头宣传等方式，对馆藏资源、馆藏结构和布局、馆藏检索方法、馆内规章制度及深层次的服务项目和方式，如文献传递、馆际互借、科技创新、个性化定制推送服务等展开多层次、全方位宣传，使读者全方位了解公共图书馆的服务，赢得读者的信任与青睐。通过宣传，公共图书馆日借阅量提高，电子资源的使用率也日渐攀升。可见，公共图书馆工作做细，可提高公共图书馆的利用率。精细化服务理念要贯穿公共图书馆服务的整个流程，让读者真正体会到服务的人性化。

第三节 公共图书馆服务的对象及用户需求分析

用户是公共图书馆服务的对象，也是公共图书馆生存发展的决定因素。用户服务工作是公共图书馆全部工作的出发点与归宿，因此要做好公共图书馆工作，就必须分析用户的需求、类型及其变化的趋势，提供有针对性的服务，建立一种以用户为中心的服务模式。

一、公共图书馆服务的对象

传统图书馆主要收藏以纸张为载体的信息，它的服务模式也必然围绕着纸张文献和图书馆馆舍展开。以前的图书馆服务模式主要是为各类读者提供图书借阅、信息咨询与参考等相对单一的服务，读者就是其服务对象。但现代图书馆已不再是一个仅仅满足人们阅读需要的场所，图书馆及图书馆服务的概念正在发生变化。现代图书馆由于互联网和数字图书馆技术的发展，正从传统的实体图书馆向实体图书馆与虚拟图书馆相结合的复合图书馆方向发展。现代图书馆除了向人们提供借阅机会以外，也十分重视满足人们的信息需求、文化需求和休闲需求。因此，读者已不能涵盖公共图书馆服务对象的全部范畴，因此这里以用户称之。

（一）公共图书馆用户的类型

公共图书馆用户的类型多样，根据不同的分类标准可将其分为不同的类型。

1. 根据用户的职业特征分类

根据用户的职业特征，可将其分为工人、农民、市民、军人、教师、学生、干部、科研人员和离退休人员等。

2. 根据用户所从事工作的学科范围分类

根据用户所从事工作的学科范围，可将其分为社会科学用户、自然科学用户以及一些综合性、边缘性学科用户。

3. 根据用户使用公共图书馆资源的目的分类

根据用户使用公共图书馆资源的目的，可将其分为文献信息用户和非文献信息用户，文献信息用户又可划分为研究型用户、学习型用户、释疑型用户和消遣型用户等。

4. 根据用户与公共图书馆的关系分类

根据用户与公共图书馆的关系，可将公共图书馆用户分为正式用户、临时用户和潜在用户。正式用户是在公共图书馆正式登记立户的注册用户，领有借阅证件，享有固定使用公共图书馆资源的权利。临时用户指的是未同公共图书馆建立正式服务关系，凭身份证或其他有效证件偶尔使用公共图书馆资源和服务的服务对象。潜在用户是指具有阅读能力和文献信息需求，但没有与公共图书馆建立服务关系的人。

5. 根据用户使用公共图书馆资源的方式分类

根据用户使用公共图书馆资源的方式，可将公共图书馆用户分为个人用户、集体用户和单位用户。个人用户是以自然人为单位，独立地使用公共图书馆的文献信息资源从事阅读或其他活动的服务对象。集体用户是指以固定的机构、团体为单位或由若干人自愿组成一个小组使用图书馆资源的用户。集体用户具有共同的服务需求和使用方式，或在同一单位，或从事同一职业、同一工作，在一定期限内，集体借阅一定范围、一定数量的文献或使用公共图书馆的其他资源。单位用户是指以固定的机构使用公共图书馆资源的用户。该机构所属的部门和个人，在一定的规则下，可以此机构的名义与公共图书馆建立借阅关系或资源共享关系。

（二）网络时代公共图书馆用户的特点

在网络时代，随着信息资源的开发和利用，公共图书馆在资源结构、服务形式和服务内容等方面都发生了很大变化，这些变化也在一定程度上带动了公共图书馆用户的变化，使公共图书馆用户呈现以下特点：

1. 用户范围广泛

传统图书馆的服务相对固定，一般局限于本地区、本系统或本单位的相对稳定的用户群。网络环境下，由于网络本身所具有的广域性特征，用户可以不到图书馆，只要遵守一定的协议，便可在办公室或家庭的网络计算机上查询信息资源，完全打破了传统图书馆对信息使用的时空限制。

2. 用户数量增长快

进入网络时代以后，随着人们信息意识的不断增强，公共图书馆对信息资源的重视也日益加深。公共图书馆用户逐渐把获取的大量信息和知识当成取之不尽的资源和效益，信息和知识的需求成为用户个人学习、生活和工作中不可或缺的部分。公共图书馆作为人们信息资源获取的重要渠道，虽然在一定程度上受到网络的冲击，但网络也将越来越多的用户与公共图书馆相连，越来越多的用户开始通过网络享受公共图书馆提供的各类服务，从而大大增加了用户的数量。

3. 用户的信息需求多样

传统图书馆时代，用户使用图书馆的主要目的是查找文献、进行科研或学习。而在网络环境下，用户上网搜集信息的目的是多元的。有的用户是想收集专业信息资源进行科研和学习；有的用户是为了满足自己对信息、知识资源的需要；有的用户则是为了查询特定事实数据，满足日常交际的需要。总之，由于用户个体知识结构的差异及查找目的的不同，他们获取的网络信息的类型也各不相同，用户的信息需求呈现出多样性和复杂性。

4. 用户文化水平不一

在传统图书馆时代，用户要想享受图书馆服务，只有识字，才能通过图书馆中的各项文献资源获得相应的信息。由于信息意识和知识结构的不同，用户之间的信息素养和技能相差较大，导致用户层次参差不齐。网络环境下的信息载体是多元化的，多媒体信息比较直观形象、生动有趣，所传递的信息也通俗易懂，文字阅读能力较低者也能轻松使用这种信息资源。

二、图书馆用户的需求分析

用户及其需要是图书馆产生和发展的原动力,没有用户,图书馆就失去了存在的价值和意义。随着网络环境的发展,科技信息开放获取的推进,就读者而言,读书或查询资料可以通过多种途径来进行,图书馆只是其中的一种可供选择的信息源之一。图书馆工作人员与用户之间的面对面式的直接服务方式将逐渐减少,用户自身利用网络乃至图书馆的设备进行自我服务的比重将增加,这给图书馆服务带来了巨大挑战。为了能够更好地生存并发展下去,图书馆必须分析用户的需求,以便结合用户需求为其提供对应服务。

一般来说,不同类型的用户对图书馆的需求不同,如教师用户的信息需求的目的比较明确,主要查阅教学参考资料和与研究课题相关的文献资料以及各种工具书,主题明确,范围确定,强调信息的准确性和可靠性。管理人员要求图书馆提供方案咨询服务,即对所查到的信息进行二次加工或提供综述、述评等浓缩的文献信息,他们对信息的需求具有时效性、完整性和连续性的特点。图书馆服务人员应根据用户的类型为其提供适当的服务。

此外,进入网络时代以后,文献资料大量增加,科学技术迅猛发展,大量知识信息渗透到社会生活的方方面面。各种学科之间出现知识内容互相交叉,各个学科内容之间呈现高度综合化和专门化,新的交叉学科、边缘学科大量涌现,使用户文献信息需求从宏观化向微观化发展。用户不仅仅需要概括性、叙述性的文献信息,更需要大量详尽的、专指性很强的文献信息。

再加上移动互联网的快速发展，图书馆用户对传统文献与音像文献、电子文献的需求并重，图书馆用户的需求呈现出综合化趋势；信息需求向电子化、数字化、网络化信息资源的方向发展；信息需求呈现出全方位、社会化趋势。为此，图书馆需要为用户提供可供科学技术研究的信息，而且需要提供有关社会和生活等方面的各种信息。在这种情况下，用户对信息的相关性、可靠性和准确性有了更高的要求。与此同时，用户希望能够快速、高效地获取信息，能够随时随地进行一站式检索，并获得相关主题的论文、照片、声频和视频等信息。用户信息需求的高效化主要表现在：第一，用户对满足工作、学习的信息需求较高，图书馆提供的信息必须具有准确性和可靠性；第二，用户要求获取的信息方便、快捷，图书馆能够减少用户的查询成本；第三，用户要求图书馆提供的信息直观、简洁，节省阅读时间。移动信息组织与传递方式的变化，进一步激发了用户对信息高效化的需求。移动图书馆的出现满足了人们的这种需求，但由于受到手机等移动终端设备的限制，移动互联网用户在时间、获取信息和体验等方面具有碎片化的特征，因此移动图书馆的用户需求也呈现一定的碎片化特征。

移动图书馆用户的使用行为一般贯穿于日常工作和生活中，另外在急需时或等候时也会使用，并且每次使用的时间较短，在时间上呈碎片化。同时，移动图书馆用户关注和获取的信息也呈碎片化特征，并且移动阅读层次通常较浅，缺乏深入性，这就要求移动图书馆能为用户提供内容适当、简洁精准的信息服务。

第四节　公共图书馆服务的转型

进入网络时代以后，随着信息技术的高速发展和普遍应用，人类的交流方式发生了很大变化，这也给公共图书馆带来了挑战。为适应网络环境的需要，公共图书馆必须进行服务转型，从传统走向现代化。

一、公共图书馆服务转型的必然性

当今的中国正处于转型时期，从农业社会向工业社会转变，从封闭半封闭社会向开放社会转变，从单一性社会向多样化社会转变，从伦理型社会向法理型社会转变。说明：这一段说的绝对不是现在中国的情况。此外，在世界信息化浪潮的影响下，我国又提前进入了信息化社会。公共图书馆作为文化事业的组成部分，属于上层建筑，以经济为基础，其变化、发展直接受经济条件的影响、制约。

从内在因素上来说，公共图书馆的文献、读者、馆员、技术手段、建筑设备等要素均发生了变化，如文献载体形式由单一的印刷型向光电型、微缩型的方向发展，磁盘、光盘、海量存储器在公共图书馆的大量使用，电子计算机存储功能和传递功能在文献使用中的进一步发挥，这些变化会促使公共图书馆的服务随之发生变化，以适应公共图书馆未来的发展需求。

从外在因素上来说，一方面，计算机出现以后，人类的信息载体和信息记录方式发生重大的变革，逐渐演变出电子型文献，一切文字、图像、声音都可以很方便地转换为计算机可以识别的二进制数字，从而以数字化的形态保存和传递。在这种情况下，若公共图书馆还是坚持传统的纸质图书文献搜集、整理与保存，必然无法适应资源信息化存储、传递的形势，也无法满足公共图书馆用户对信息资源快捷使用的心理需求，再加上网络时代信息呈爆发式膨胀，传统的纸质文献整理与传递必然赶不上知识更新的速度，所以，公共图书馆必须进行服务转型。

另一方面，网络时代是个创新的时代，各个行业都在搞创新，如传统学校教育到网络远程教育的延伸，商场封闭式销售到开架式自由选购，再到网络采购等，创新所带来的变化随处可见。在现今的数字图书馆时代，任何一个图书馆都可以进行超馆藏、超地域的服务，任何一个读者也都可以通过计算机使用图书馆馆藏资源。图书馆馆藏的多少和馆舍的大小已不再是一个图书馆成败的决定因素，只有出色的服务才是图书馆的区别所在。出色服务的提供要靠图书馆的不断创新，只有在不断创新中才能有特色。因此，公共图书馆也必须进行服务转型。

二、公共图书馆服务转型的基本走向

网络技术的发展给公共图书馆的服务带来了全新的技术环境和人文社会环境，再加上网络技术的全面普及，公共图书馆的服务转型成为必然。从当前的形势来看，公共图书馆的服务转型主要有以下走向：

（一）服务对象由服务到馆读者向服务社会转变

在传统图书馆时代，图书馆工作人员的服务对象主要是到馆读者，即前来图书馆进行图书借阅、信息咨询的读者。进入网络时代以后，图书馆网络化、资源的数字化发展大大消除了读者与图书馆之间的地理障碍，图书馆的服务范围不再受到时空的限制。

通过网络图书馆可以服务整个社会，也就是说除了围绕"本馆"读者组织和进行读者服务工作以外，现代图书馆的服务对象不再仅仅局限于持有本馆借阅证的读者等，而是大大突破了时间、空间的限制，延展到全国乃至全球。具体来看，网络时代的图书馆不仅可以服务到馆读者，也可以服务于高校，还可以向企事业单位开放，服务地方政治、经济、社会、科技、文化等事业的发展。

（二）服务方式由"传统手工操作方法"向"综合文献技术应用"转变

在实践中可以看到，传统的图书馆服务方式绝大多数属于事务性工作，如图书的借阅与归还、取书归架、采购相关图书等，其手段是以落后的手工操作方法维系对外的各项服务活动，服务水平、服务时效滞后，这种做法除了观念、时代需求等因素外，根本原因还在于传统纸质文献的易损、稀缺和共享性差等特点，比如怕文献被弄丢、被损坏、文献不够用等。

进入网络时代以后，随着计算机技术、数字化技术、数据库技术、云计算等的快速发展，公共图书馆的服务方式也有了很大的变化。公共图书馆服务的手段也将逐步摆脱传统图书馆以手工操作为主的事务性服务方式，改为应用综合文献信息技术。换句话说，在网络时代，应用各类信息技术为用户提供适宜的服务是现代图书馆的必然选择。

(三)服务内容由信息服务向知识服务转变

传统图书馆的读者服务工作主要是围绕印刷型文献资源展开的。随着大量商业化学术资源数据库的出现、电子出版物的出版和传统馆藏的数字化转换,数字化信息资源成为现代图书馆文献信息资源的主体。当今社会已进入知识经济社会,传统图书馆的信息服务早已不能满足人们对知识日益增长的需求。在这种情况下,为了满足用户的需求,公共图书馆的服务内容逐渐从帮助用户获取文献信息、激活文献信息内容、实现资源共享的信息服务,向从各种显性和隐性的知识资源中,针对用户在获取知识、吸取知识、利用知识、创新知识过程中的需求,对相关信息知识进行搜集、分析、提炼、整理等,为其提供所需知识的知识服务转型。

(四)服务理念由"书本位"向"人本位"转变

在传统图书馆时代,工作人员虽然是为读者服务,但其服务理念一般表现为以书本为主,即以图书的收藏和保存为中心。进入网络时代以后,科学技术日新月异,信息服务全球化已经成为必然趋势。公共图书馆作为信息服务业的一个重要组成部分,将会在社会文献信息服务中发挥不可替代的作用。但要切实履行这一职责,公共图书馆提供的服务必须符合用户的需求,服务理念也不能停留在过去的"收藏"和足不出户的"借阅与归还",要从思想深处更新服务理念,以公共图书馆用户的需求为中心,为其提供适当的服务,这样才能有利于公共图书馆未来的发展。

(五)服务范围由"图书馆服务"向"资源共享"服务转变

传统图书馆以文献收藏为己任,以印刷型文献为主体,这种基于自我馆藏的图书馆是作为一个书刊存储基地和物理实体机构存在的。图书馆的服务范围仅限于这个特定的场所内,其服务的直接功能是利用自给自足的馆藏文献,为相对稳定的读者提供"阵地服务"和"定向服务",满足读者对已知文献的需求,我们把这种服务称为"图书馆服务"。

进入网络时代以后,远程通信技术、网络的应用和推广,使得公共图书馆与地区网、国内网、国际网联网,把公共图书馆与远程和近程的读者、各类信息服务中心、各种书目使用机构、联机信息检索系统连为一体,为公共图书馆与其他机构共享资源提供了条件。再加上网络时代知识更新速度的不断加快,公共图书馆想要凭一己之力搜集所有的知识信息是不可能的,只有与其他图书馆、其他机构进行合作,进行资源共享,才能充分发挥公共图书馆的作用。在这种情况下,公共图书馆的服务范围必然向资源共享转变。这是在网络环境下发展起来的一种新的、重要的学习交流模式。公共图书馆不仅要方便快捷地为用户提供信息,而且要成为用户不可或缺的信息获取来源和途径。任何人都可以在任何时间、任何地点,不受经济状况影响,平等免费地获取和使用相关信息,这也是符合网络时代信息交流特点的一种全新的、高效的交流模式。

第三章 公共图书馆的读者服务

第一节 公共图书馆读者服务的内涵与要素

一、读者服务的内涵

公共图书馆作为社会文化教育机构和文献信息中心，它的性质决定了它要以服务社会、服务读者为根本任务。"为读者服务"是公共图书馆各项工作的出发点和归宿，是检验和评估公共图书馆工作的重要标准。

"读者服务"是指公共图书馆根据读者对文献的需求，充分利用公共图书馆资源直接向读者提供文献和信息的一系列活动。它是一种特殊的服务，是利用公共图书馆资源所进行的文献服务，其目的是通过开发、使用公共图书馆的各项资源，为读者提供快捷有效的信息服务。它是整个公共图书馆工作中最活跃、最富有生命力的因素。

读者服务工作，也称"用户服务工作"，是对公共图书馆文献的使用和服务工作，如文献的外借、阅览、宣传、参考咨询、文献检索、网络信息导航以及用户发展、用户研究、用户培训工作等；此外，还包括各类信息工作，如科技查新、专利查新、选题信息服务等。读者服务工作可以分为四个部分：情报服务、参考咨询、文献借阅、信息增值服务。情报服务工作包括组织读者、组织服务（使用文献资料开展各种读者活动）、图书情报服务工作的管理。参考咨询服务工作包括文献调查工作、书目工作、参考工作、文献检索工作、文献提供工作等。文献借阅服务工作包括文献外借和文献阅览服务。信息增值服务主要有四种模式，即个性化全程服务、团队化服务、集成化信息服务、专业化网上服务。

二、读者服务的要素

（一）用户是公共图书馆服务的对象

图书馆的生存和发展在一定程度上取决于用户的数量和素质，不同类型的图书馆，用户的种类和需求不尽相同。例如，公共图书馆的用户来自社会各行各业，他们所需的文献涉及面广，以综合性、普及性的读物为主；大学图书馆的用户主要是教师、学生和研究人员等，这类用户的专业性需求强，尤其是研究人员对文献的需求具有层次高、研究性和情报性强等特点。

（二）文献资源是读者服务的基础

公共图书馆赖以生存的基础、服务的深度和广度取决于公共图书馆对馆藏文献信息资源的开发和利用，而且其布局和建设是随着社会的发展而变化的。尽管公共图书馆提供的服务仍以文献资源为基础，但由于公共图书馆内外部功能正在不断变化，公共图书馆文献资源的种类不仅仅是纸质出版物，而且文献资源也不再局限于馆内。公共图书馆的文献资源由馆藏实体资源和网络虚拟资源两部分组成。

（三）公共图书馆馆员是公共图书馆服务的提供者

公共图书馆馆员的作用不仅仅是管理文献资源，更重要的是能从浩如烟海的文献资源中为用户筛选出他们所需的信息，因此公共图书馆馆员的业务水平和职业道德对公共图书馆的服务质量有着举足轻重的作用。公共图书馆的服务由"用户自助服务"和"馆员辅助服务"两大类组成。

第二节　公共图书馆读者服务工作存在的问题及解决对策

公共图书馆作为社会主要信息服务的中心，随着计算机技术、通信技术、网络技术、数字信息技术以及相关技术的发展，公共图书馆事业正向着电子化、数字化、虚拟化的方向迈进。作为以读者服务工作为核心的公共图书馆，在竞争激烈的环境下，通过改变和更新传统的服务方式、方法及手段，不断提高读者服务工作的质量和水平，已成为目前公共图书馆迫切需要解决的问题。

一、读者服务工作是社会发展的必然趋势

读者服务工作是公共图书馆的日常工作，是公共图书馆的基本职能，也是公共图书馆赖以生存的基础。公共图书馆工作的最终目的就是为读者提供信息服务。除了使用先进的技术和馆藏资源，公共图书馆还可以通过完善的网络通信设施，为读者提供有用的信息资源，创新服务观念，主动地了解读者的需要，及时满足读者的需求。在激烈的信息竞争中，公共图书馆只有把"全心全意为读者服务"作为最高宗旨，把工作的立脚点从藏书转向读者，把"吸引读者，

争取读者"作为重要策略,不断及时地研究读者需求,才能在信息市场中立于不败之地。所以,提高读者服务工作是公共图书馆生存与发展的客观要求,也是公共图书馆一切工作的出发点和归宿,更是社会发展的需要。

二、公共图书馆为读者服务所面临的具体问题

无论公共图书馆的服务对象、内容手段如何变化,服务形式是外借、阅读、参考咨询,其服务工作都是以满足读者需求为最终目的,以读者满意为宗旨,以讲求实效为准绳。随着文献信息的大量增加,读者对公共图书馆的服务工作提出了更高的要求:那就是能够在最短的时间内,公共图书馆可以高质量地为他们提供更直接、更简洁的文献信息。

(一)公共图书馆管理制度不完善,馆员专业知识不足

新时期的公共图书馆服务工作要求必须拥有一批经验丰富、有较强的组织信息的专业人才,这些人才不仅要有丰富的收集和组织文献的实践经验,还能够开发各种层次的信息产品。由于某些公共图书馆的规章制度不够完善,馆长和部室主任的任免制度不完善,工作人员的工作职责不完善,人才发展和继续教育制度不完善,讲求工作效率的奖惩制度不完善,同时工作人员对自身的形势认识不够,没有树立新观念,满足于现状,从而使大量的信息资源流失;加上馆员年龄、职称、性格、性别、学历等结构的不合理配置,使得每个人的工作心理和个人需求又有所差异,导致公共图书馆馆员对某一项工作不能达成共识,不能齐心协力、通力协作。而那些具有精深的专业知识的馆员在实际工作

中难以施展才华，仅仅局限在借借还还的操作上，没有时间和精力去做深层次的文献开发和情报服务工作，严重地挫伤了这些人才的积极性，影响了事业发展。

（二）经费不足，现代管理、设备落后，购书量减少

目前，随着大量联机数据库的出现、电子刊物的出版和传统文献资源的数字化转换，电子信息资源将成为信息时代图书馆文献信息资源的主体。由于现代化文献信息的数量急剧增长，文献内容重复交叉，类型复杂多样，仅用传统的手工检索方式已远远不能满足广、快、精、准的搜集、整理、加工、存贮和检索文献信息的工作要求。读者可以用计算机、光盘和网络检索等先进的检索方式。因此，公共图书馆读者服务的内容也将逐渐从提供传统印刷型馆藏资源服务向提供多元化、电子化的信息服务领域发展。由于经费不足，很多公共图书馆无法购置现代办公设备，也无法建设网络，这就造成公共图书馆联机公共目录无法满足文献资源共享，读者也无法得到自身所需的信息。近年来，由于图书等价格的增长，公共图书馆的书刊订购品种与数量也在逐年减少，严重地限制了读者对文献资源的需求。

（三）文献信息开发及服务工作薄弱，文献信息资源利用率较低

目前，只有少数的公共图书馆会开展馆际互借服务，这是因为传统的公共图书馆工作以藏书为中心，馆藏的布局和规模制约着读者服务的范围和水平，而公共图书馆的管理也受传统思想观念的束缚，重"藏"轻"用"，现代意识淡薄，缺乏创新思想，没有把信息服务工作面向社会开放。公共图书馆是一个文化和

教育的阵地，也是一个信息的集成地，应该向读者提供"多元化的信息服务"。目前，许多公共图书馆主要开展半开放式的书刊借阅、电子阅览室的计算机编目检索，以及电子出版物阅览，较少开展馆际互借服务，从而造成文献信息资源利用率较低，出现大量有特色的文献闲置与文献资源缺乏并存的局面。

（四）宣传力度不够，难以被读者利用

公共图书馆主要负责搜集、收藏、整理图书资料等工作，担负着引导人、教育人、塑造人的重任。树立图书馆品牌形象，可以增强公共图书馆服务的主动性和自觉性，强化读者对公共图书馆功能的认识。但由于很多公共图书馆只停留在借借还还的工作层次上，没有以独特鲜明的形象吸引公众注意，很少对社会宣传、包装和推荐自己，对用户教育的力度不够，信息咨询服务功能不齐全，与读者之间的沟通反馈渠道不健全，在社会上没有影响力、号召力，影响了公共图书馆在公众心中的形象和信誉。

三、强化优质服务

针对上述存在的问题，目前公共图书馆的读者服务工作应采取以下几个方面的措施：

（一）开展调查咨询活动

公共图书馆一方面竭诚为读者服务，一方面又能充分利用读者的智力资源，以读者的优势激活自身，这不仅能得到公众的咨询、建议及各种良好的社会效益，提高自身的服务能力，也可以与社会各个机构、公众形成良性互动机制，

树立公共图书馆的品牌。公共图书馆要深入读者群，深入基层，直接架设公共图书馆与广大读者沟通的桥梁，密切关注与读者的交流，把读者反映的各种矛盾、问题，通过收集、整理、调研、综合分析、归纳，形成改革方案，反馈给各部门，以此为公共图书馆服务行为的准则，从而达到服务质量控制的目的。公共图书馆可以通过实地调查、问卷调查、馆内调查、网上调查等形式多样的调查方式，广泛地了解读者对公共图书馆的认识，收集读者的反馈信息，切实优化公共图书馆的服务行为，为公共图书馆建立良好的形象提供根据，从而有效地协调公共图书馆与读者之间的供需关系。

（二）开展特色服务项目

公共图书馆已不再是旧式的"藏书馆"，而是一个极具有魅力的，正在被开发利用的文献信息中心。特色服务就是服务创新，即要实现服务读者诸方面的优化组合，在服务项目或服务产品上创立名优品牌，以质量取信于读者。具体有以下做法：①围绕公共图书馆的信息服务内容，举办各种独具特色的展览和演示会，是公共图书馆扩大影响并提升其形象的良好时机；主动加大媒体的宣传力度，让更多的人认识公共图书馆，了解公共图书馆，走进公共图书馆，向社会展示公共图书馆的魅力。②针对某一特定课题的需要开展定题服务，进行跟踪服务，主动、持续、系统地向相关的课题人员提供最新的相关信息。③充分利用馆藏文献信息资源和专业队伍的优势，面向特定用户开展专题服务，大力开发馆藏信息资源，向读者提供浓缩的、可直接使用的数据、事实、结论。④开展各种读者辅导服务，提高读者的阅读意识、阅读能力和阅读效益。

（三）建立各种专门阅览室

随着以计算机为中心的现代信息技术及相关技术的迅速发展，公共图书馆必须建立专门阅览室，如视听资料室、多媒体阅览室、网络检索室等，为读者创造良好、便捷的阅读条件。读者在网络检索室使用互联网就可以快速地查阅、下载文献信息。在这些专门阅览室里，读者不仅可以查阅文字、数值、图形、图像等静态文档，还可以获得多媒体信息的动态文档。

（四）加强专业人员的知识更新

公共图书馆馆员的素质高低直接影响公共图书馆信息开发的服务质量。因此，公共图书馆馆员必须具备丰富的学科知识，熟悉各种信息资源，善于把握新动态，能依据一定的科学原则，对知识进行创造性组合，挖掘信息资源的各种价值。为此，公共图书馆可以采取以下措施：①及时更新公共图书馆工作者的思想观念，改变以"藏"为主和封闭式的服务理念，树立开放意识、竞争意识、创新意识，把被动服务变成主动服务，把滞后服务变成超前服务。②公共图书馆馆员要及时接受新观念，不断学习，接受新知识、新信息，提高专业知识水平，做到想读者之所想，急读者之所急，全心全意为读者提供高层次优质信息服务。③重视对计算机与图书馆学、信息管理以及其他学科专业人才的引进和培养，以保证高质量数字信息资源建设的高水平、深层次信息服务的持续开展。④强化对公共图书馆在职人员的培训和技术教育工作，培养他们的爱岗敬业、团结奉献的协作精神。

（五）加大对公共图书馆事业经费的投入

公共图书馆是公益性文化单位，为全社会成员服务是公共图书馆的主要任务。它所具有的公益性和公共性特质，规定了它并非营利单位，不以营利为目的。各级政府要根据公共图书馆的规模，制定服务工作的细则，并给予充足的财政支持和有力的保障措施，把公共图书馆的购书费、业务费、公务费、设备购置费等费用纳入计划列为专款专用，不得挤占、挪用。总之，公共图书馆的一切工作都是为读者服务的。满足读者的需求是公共图书馆服务工作的中心，公共图书馆的服务工作必须得到广大读者的满意和高度认可。公共图书馆必须充分利用现有的文献资源、人才和设备等优势，树立与读者利益一致的原则，积极与读者沟通、协调、协作，转变传统的服务方式，从封闭走向开放，从静态走向动态，从单一走向多元，从被动走向主动。

第三节 公共图书馆拓展读者服务工作的新领域

在整个历史长河中，公共图书馆的发展历史只是短短的一瞬，但今天它已发展为现代文明社会中不可缺少的社会文化机构，在现代社会中的作用和影响已经深入人心。为适应经济社会及知识经济时代的到来，公共图书馆的事业正在不断发展，功能也在不断扩大和齐全，在现代高科技的推动下，公共图书馆正进行着一场革命。在这场革命中，公共图书馆的每一个组成部分都在发生剧烈的变化，尤其是读者服务工作，坚固的"围墙意识"已逐步被摧毁。现代公共图书馆已是一个无边界、大的、网络化的图书馆，能够自如地运用各种有效的方法为读者服务。公共图书馆必须充分发挥自身的优势，利用馆藏文献资源，扩展读者服务的新领域，为经济建设服务，为精神文明建设服务。

一、创建高品位的社区文化，开垦现代都市的"文化绿洲"

随着经济的发展，不断建设起来的住宅小区越来越多，而很多新小区大多地处郊外边缘地带，配套服务不健全，尤其是小区附近的文化设施建设缺口较大，居民对此极不满意。为提高住宅小区的文化品位，满足小区居民的学习需要，开发商们逐渐开始寻求一条行之有效的道路。把知识与文明注入小区，成为公共图书馆扩大读者服务的又一新的理念。如江苏省图书馆在市区的一些生活小区周边设立服务点，解决了读者到市中心远途借阅之苦。广州图书馆与邻近的丽江花园小区以及金业别墅花园小区的开发商携手合作，开办小区联合图书馆，并在业务建设及文献资源上无偿提供服务，使两个小区的联合图书馆读者数量不断上升。

小区联合图书馆的建立使小区居民在享受了现代都市物质文明的同时，也享受了精神文明的熏陶。现代家居优美的生活环境及现代社区高雅的文化品位构成了小区建设一道亮丽的风景线，引起了新闻媒体的关注。广州《新快报》和《中国文化报》分别以《稀罕事：图书馆进驻住宅小区》《住宅小区的"文化绿洲"》为题做了专题报道，报道说："图书馆与花园小区联合办馆是件稀罕事，是公共图书馆开先河之举。"

二、公共图书馆走入家庭，服务工作深入社区基层

家庭是社会的细胞，很多公共图书馆都非常重视为家庭提供服务，并将此列为扩展服务领域的重要内容。

（一）开展"送书上门"，让公共文化资源"一键到家"

在今天，无论是大众的阅读习惯，还是文化消费的市场生态，都已发生了巨大改变。这时，如果想让公共图书馆继续发挥原有作用，促进全民阅读，公共图书馆提供的服务方式势必要做出必要的改变。目前，上海的市、区、街镇三级公共图书馆依托本市中心图书馆"一卡通"服务体系，实现了通借通还。同时，包括上海图书馆、上海少年儿童图书馆等在内的多家市、区级公共图书馆各自试点推出了网借邮寄服务。今后还将总结经验，指导更多有条件的区级公共图书馆推出网借邮寄服务。

（二）开展家庭读书活动，营造浓厚的家庭文化气氛

为提倡家庭读书活动，上海的公共图书馆从1990年起就开始组织家庭读书活动。由市文化局、市妇联及新闻单位发起并成立的市家庭读书指导委员会，有计划地在全市开展家庭读书活动，并在全市各街道乡镇评选"读书之家"，各区县评选"优秀家庭读书户"。上海图书馆与上海总工会定期每周六在新馆大厅举行上海职工家庭周末读书会。江苏省江阴市图书馆还发起"一二三"家庭读书工程，要求到2000年，全市70%左右的家庭拥有一只书橱、二份报刊、三百本图书。

（三）足不出户，读者即可踏上"信息高速公路"

公共图书馆为市民提供各种网上服务，如建立社区服务网站，为家庭提供各种社区信息服务。例如，"浙江省文献信息资源共建共享平台"正式开通，它整合并实现了全省公共图书馆的文献信息资源的打通。读者足不出户，通过手机或电脑访问省内任意一家图书馆，便能获取全省公共图书馆服务体系的资源与服务，真正实现"读者坐拥一馆、访达全省资源"。

三、公共图书馆是学校教育的延伸和继续

教育家蔡元培先生说过："教育不专在学校，学校之外还有许多机关，第一是图书馆。"日本有学者把学校教育和图书馆看作对学生教育"同一辆车上的两个车轮"。两个车轮协调转动，才能使学生的成长得到全面发展。学校注重的是系统的知识教育，而公共图书馆为人们提供可选择的自我教育场所，是学生的第二课堂。

（一）进行公共图书馆使用的教育辅导

很多国家都十分重视对读者进行图书馆使用的教育，而且大多是从青少年就开始做起。

目前，我国人民对公共图书馆的意识不强、认识不深，使用公共图书馆的能力较差。为了弥补这方面的不足，现有的公共图书馆应该与学校合作，派馆员到学校举办"如何使用图书馆"的专题讲座，或请学校组织学生来馆参观，学习如何使用公共图书馆。湖南、上海、武汉等地的少儿图书馆经常对在校学

生进行图书馆使用的辅导,并鼓励学生参与到图书馆读者服务工作中,让他们掌握开启知识宝库的"金钥匙"。

(二)指导学生多读书、读好书

现代社会,由于科技的不断进步,多媒体文化以其特有的魅力吸引了无数学生。青少年的阅读能力下降,阅读兴趣淡薄已是普遍现象。在信息时代中成长的青少年,思维活跃,求知欲强,好奇心重,但认识能力相对较低,是非观念不强。随着中外文化、经济的相互融合、相互渗透,指导青少年多读书、读好书,是公共图书馆的重要任务。

多年来,广东省的图书馆在开展的辅导读书活动中积累了丰富的经验,并且取得了优异的成绩。深圳图书馆举办报告文学《火中飞起的凤凰》《青春驿站》读书交流会,《理想在特区闪光》读书演讲比赛;广州图书馆与广州电视大学、广东工业大学团委合作,组织读书小组,举办"读书与人生"报告会。广东省中山图书馆举办读书征文,其中该馆编的《我与图书馆》一书成为广东省委宣传部等7个单位主办的"百书育英才"读书活动入选图书。

(三)增加服务工作的科技含量

为了适应时代的要求,各个国家都十分重视人才的培养。培养人才,学校固然肩负重担,但公共图书馆作为重要的社会教育机构,更是学校教育的延伸和继续。公共图书馆可以使用现有的电子技术和力量,配合学校提高和丰富学生的知识结构。例如,深圳图书馆举办的计算机基础知识培训班就吸引了很多学生参加;广州图书馆举办了"电脑时空2000"系列活动,以免费电脑知识讲座和联谊活动等形式讲授因特网、计算机软硬件知识，还与市电大、市教委等单位合作，制作"英语教学"音带、"初三政治统考复习"音带及软件，丰富了学生的知识结构。

四、充分利用文献信息资源为乡镇企业经济建设服务

（一）科技兴农，为村民开辟多条致富之路

生活在城郊乡镇的人们，由于受到时间和空间的限制，无法经常到路途较远的公共图书馆获得信息，为了开拓多种致富之路，他们希望依靠科学技术提高经济或种植效果。但目前大部分乡镇的文化设施落后，知识信息的获取很费劲。

把读者服务领域延伸到乡镇，将文献信息送到田间果园，这是新时期公共图书馆读者服务工作中的又一新举措。江苏省图书馆、广东的东莞、南海等地的图书馆开始把书送到乡村田头，指导村民进行科学经营管理，深受广大村民的欢迎。广州图书馆与多个乡镇政府建立联合图书馆，无偿提供图书近8万册，为乡镇建设了一座有一定藏书规模，还有专人管理的知识殿堂。很多馆藏的农业类文献资源得到了充分利用，收到了很好的社会效益和经济效益。例如，广州市萝岗镇一青年农民孔某，就是从《荔枝栽培管理》一书中学会了用环割技术抑制荔枝疯长，促使其发芽分化，使长期不开花不结果的荔枝获得了丰收。

（二）科技兴企，知识信息是最大的生产力

公共图书馆收藏各种载体的文献是社会信息资源的宝库，把宝库中浩渺的

信息和知识开发出来，为企业生产决策活动提供服务，是知识经济时代向公共图书馆提出的新要求。

近年来，公共图书馆对馆藏文献不断进行开发、加工，建立各种数据库，为企业服务作出了卓越的成绩。例如，广东省立中山图书馆开发的服务项目已达50个以上，先后为众多企业及单位提供过信息资料，对这些企业的生产、经营、管理、行销等方面有着重要的参考作用。佛山市图书馆开发的"多媒体房地产咨询信息库"，该项目收录了中央、省市有关房地产政策、法规、文献信息和珠江三角洲部分城市的房地产数据，极大地丰富了网络资源，有助于房地产市场的繁荣，促进了当地经济的发展。

公共图书馆为跟上信息时代的步伐，遵循"读者至上，服务第一"的宗旨，在读者服务的深度、广度上不断改革、创新，拓展服务新领域，为经济建设和精神文明建设作出很大的贡献。

第四节 "微时代"背景下公共图书馆读者服务建设

"微时代"是以微博作为传播媒介的代表，以短小精悍作为信息传播特征的时代。作为一种媒介，微博具有信息发布、信息传播、信息调研、信息评价等功能，其诞生的标志是2006年美国网站推特（Twitter）推出的微博客服务。在微博中，一种全新的理论可能瞬间被传播开来，这种爆炸式传播已经成为当代发布者和受众群体之间的主要信息传播模式。随着移动互联网和大数据时代的纵深发展，继微博之后，微信、微电影、微小说、微音乐等一系列文化现象也蓬勃发展起来。人们对此喜闻乐见并不断开发利用，进而形成一种微时代潮流。这种流行趋势采集碎片化、微量化信息并进行传播，将伴随而来的相关服务模式推向了一个崭新的时代。

微时代信息传播的最大特点是辐射面广、速度快、互动性强，且具有集文字、图像、视频、声频等多种信息传播方式于一体，以及形象、生动、获取便利等特征。在微时代背景下，人们对信息的需求在时间上具有不固定性、零散性，在内容上也呈现出碎片化、多样化的特点。移动互联网、云计算、大数据、智能终端5G及多元传播介质的出现，以及在技术上的不断突破，技术之间的相互叠加影响与嵌套，成为微时代的显著特征。

在微时代背景下，公共图书馆读者服务工作也受到很大的冲击，其传统的服务理念随着微博、微信、QQ等移动终端平台及衍生工具的广泛应用而发生了颠覆性的变化。公共图书馆使用微时代媒介传播平台开展创新服务正成为新的趋势。

一、微时代背景下公共图书馆读者服务工作面临的困境

（一）读者到馆率和馆藏使用率低

近年来，公共图书馆面临着转型发展的瓶颈。传统意义上的运营模式已经不能满足读者对信息获取的需求，数字资源、电子文献的涌现，打破了传统服务的思维方式，促使读者服务工作必须向多元的新方向转型。如何使用多种新平台共同运营以求达到拓展服务新功能的效果，已成为当代公共图书馆开展读

者服务工作普遍关心的问题。受空间、人力、财力等的限制，公共图书馆的读者到馆率和馆藏使用率低，这也是公共图书馆面临的困境。虽然近年来我国大力开展全面阅读推广工作，但是人们走进图书馆、有效使用图书资源的情况，依然不尽如人意。公共图书馆如何通过深度的社会参与拓展宣传面，强化宣传效果，从而提高读者到馆率和馆藏使用率，已成为公共图书馆读者服务工作的重中之重。目前，知网、维普和万方三个数据库基本可以囊括所有中文学术期刊。数据库可通过作者篇名、关键词、出版时间、刊名、卷期等字段准确无误地找到读者所需要的各种电子期刊。由此可见，读者完全可以不用到公共图书馆，足不出户便可获取自己想要的资源，还节省了到馆查阅纸质期刊、复印所需期刊内容的时间。再加上微博、微信等的普及，很多浅阅读、碎片式阅读完全可以通过这些微时代阅读工具轻松实现，这些都是导致读者到馆率低、馆藏使用率逐年下降的原因。

（二）公共交流平台薄弱，读者服务效果差

作为公共交流平台，公共图书馆具有引导全民开展交流、交往，发展非功利性社会关系的功能，从而提升人们的文化素养以及思想境界，使其找到文化认同及归属感。公共图书馆在传统管理模式下，其作为交流平台的功能受到一定的限制，已然不能满足当代民众的要求。虽然公共图书馆每年依然按期开展读者座谈会、读者征文演讲、知识竞赛、阅读讲座、经典导读、新书推荐等活动，但是与读者的交流互动仍然存在分裂感。读者参与活动的人数有限，有的甚至流于形式，参与的读者只是走个过场，因此交流效果往往并不能达到预期效果，

主办方不能与读者建立真正的互动关系，读者服务工作也就不能满足读者的需求。随着微时代的到来，丰富的资源获取渠道让读者对公共图书馆服务的要求越来越多元化，对内容、层次、资源内容形式也有了更高、更广的要求，这就使得传统服务模式与微时代交流服务模式必须协作共赢，这也成为公共图书馆读者服务工作的发展方向。

二、微时代背景下公共图书馆读者服务工作的改进策略

（一）利用微信公众平台，拓展服务方式和服务空间

随着移动信息技术的发展，建立微信公众服务平台是公共图书馆拓展服务手段的有效途径。微信公众服务平台是公共图书馆在新媒体应用上的一个新的服务模式。与传统媒体相比，新媒体的显著特点是移动互联网技术的应用，通过手机、平板电脑等移动终端，人们能随时随地浏览资讯、传递信息，人们的碎片化时间得以充分利用。微信公众平台为广大读者更广泛、便捷地使用公共图书馆资源提供了条件，同时拓展了公共图书馆的服务手段和服务空间，读者可以随时随地查找文献，办理相关业务，进行数字化资源移动阅读，交流与分享等。

公共图书馆应当充分利用微信公众服务平台自身的特点，构建服务微门户以适应广大读者的新需求。例如，公共图书馆可以充分将公共图书馆的自动化系统、读者验证系统、跨库检索、自助借阅、门户网站、参考咨询等系统统一起来，利用馆内的数字化资源库、读者服务平台为读者提供查找、办理、阅读

等快捷服务。同时，还可以利用微信公众平台绑定读者的借阅卡，实现网上一键续借。

地方性是公共图书馆的基本特色。公共图书馆可以充分利用微信公众平台，整合利用专题性数字资源库，实现数字化资源的移动式阅读分享，如设立地方志、历史典籍、民俗风情荟萃等模块，再使用微信公众平台向读者及时推送具有地域特征的独特的微数据。当代公共图书馆服务的新模式，应该从单独的阅读服务功能走向与读者互动功能，开发、实现以读者为核心的零距离交流互动平台，这将是公共图书馆生存发展的必然要求。公共图书馆要使用微信公众平台，建立读者与读者、读者与公共图书馆、读者与馆员的交流互动，通过微话题、公众号推送，促使读者发表各种阅读体验，让读者成为新的信息载体和信息创造者。

具体来说，公共图书馆使用微信公众平台，可以从以下几方面拓展服务方式和服务空间：

1. 加快完成公共图书馆微信官方认证，加强对微信公众号的重视

微信认证是腾讯集团为确保微信公众平台发布信息的真实性、安全性，为具备官方资质的微信公众服务号提供的认证服务。微信认证后，公众号经营者将获得更丰富的高级接口和衍生工具，以便为其粉丝受众提供更有价值的个性化服务。公众号包括服务号和订阅号，是开发者、商家或公共组织机构在微信公众平台上申请的应用账号，通过公众号，商家或公共组织机构可以在微信平台上以文字、图片、语音、视频等形式，实现与特定群体的全方位沟通互动。

公共图书馆以服务为核心理念，将微信公众号提供的服务纳入公共图书馆服务体系，促使读者建立对公共图书馆的信任，从而提高读者的到馆率，提升公共图书馆电子文献的使用率。加快完成微信认证，是增强用户黏性的关键，能增强用户的信任度和体验感。公共图书馆作为阅读的前沿阵地，通常也应该是最早接触新媒体和使用新技术的地方，但是目前在微信公众平台上，优质的公共图书馆账号较少。公共图书馆只有重视微信公众平台的运营管理，建立优质公众账号，才能快速提高账号影响力，吸引更多读者。

2. 强化微信订阅号的内容管理，提升内容质量

一个具有优质内容的订阅号可以吸引大批读者，并使读者积极转发其内容。因此，微信订阅号推送的内容水平，直接影响着微信公众平台的运营质量。公共图书馆微信公众平台订阅号要强化内容的管理，提升内容质量。

第一，微信推送的内容要具有特色。公共图书馆应根据自身特点，策划一些有特色的主题板块，吸引广大读者，激发用户的阅读兴趣和持续关注的热情。公共图书馆应结合自身所处的受众环境及具备的条件，发布具有自身优势的内容，力求获得读者的认同。

第二，微信推送的内容要符合公共图书馆特点，多推送专业化内容。公共图书馆微信公众平台应围绕公共图书馆的工作特点做原创内容，而不能总是局限于发布讲座通知、好书推荐通知、活动预告等固定模式。公共图书馆应充分结合自身的文化资源，以书评、书摘、作者简介等形式，通过微信公众平台将经典资源推送给广大读者。

（二）基于微博平台，设置微话题，延伸公共图书馆读者服务工作

微博是一个资讯平台，微博的媒体特性决定其更依赖于内容以及内容的聚合效应。公共图书馆应有效利用微博的这一特征改进读者服务工作。公共图书馆通过微博发布微话题，宣传公共图书馆的阅读推广活动，吸引读者的关注，提高读者的到馆率。

微话题是以微博为平台的用户互动专区，即根据微博热点、个人兴趣、网友讨论等多种渠道的内容，由话题主持人补充并加以编辑，是与某个话题有关的专题页面。微博用户可以进入话题页面发表言论，同时话题页面也会自动收录含有该话题的相关微博。公共图书馆可以通过微话题形式促进读者互动，增强公共图书馆阅读推广活动的效果。同时，微话题还能潜移默化地引导读者的阅读倾向、阅读爱好、阅读审美观，帮助公共图书馆更好地了解读者的阅读需求，以便提高公共图书馆的读者服务质量。

微话题的设置要具有公共图书馆自身的特点，与其他微博要有一定的差异性，也就是要具有独特的魅力，这样才能使读者与公共图书馆之间建立更强的黏性。以宣传阅读推广活动为例，公共图书馆应明确宣传阅读推广活动的主题，所有的微话题应紧密围绕主题展开。在文字描述中，微话题应根据不同读者群体的需求，通过公共图书馆的大数据整合，如访问阅览室数据、书刊外借数据、数据库检索和下载数据、访客属性等读者资料，深度分析、了解读者的阅读偏好，明确阅读推广对象，采取平易近人或者幽默诙谐、活泼有趣的语言方式，有针对性地进行推介，以满足不同读者的阅读需求，为其提供更有针对性的服务。

同时，微话题的设置还要结合读者的兴趣点、阅读需求、近期的热点，结合公共图书馆近期开展的各项活动。例如，公共图书馆可以利用世界读书日、莫言获得诺贝尔奖等热点，提出优秀的热点微话题，与读者展开持续互动，从而提高读者对公共图书馆的兴趣。当然，公共图书馆也可以征集读者推荐的微话题，凡具有原创性、精彩性的微话题均可被公共图书馆采用。

公共图书馆的发展趋势日渐明晰，传统模式基本上是以书为本，而微时代下新的运营模式逐渐形成了以人为本的模式。虽然传统模式依然是主体模式和基础模式，但是新模式的作用是绝对不可忽视的，其在提高传统模式的运营效果上起到了非常重要的推动作用。在传统模式的框架下，结合新模式开展大量推广活动，逐步吸引各类人群与公共图书馆建立黏性关系，利用微时代媒介提高读者服务工作，已成为公共图书馆充分利用新媒体、实现线上线下融合共进的必然选择。

第五节　公共图书馆读者服务中读者意见的处理机制

服务是公共图书馆存在的理由，为读者提供优质的服务是公共图书馆工作的核心目标。如何进一步提升读者服务工作，许多公共图书馆对其有较多的理念探讨及实践操作经验。但在实际工作中，读者意见处理作为有助于提升读者服务工作的重要管理手段，并未被一些公共图书馆所重视。公共图书馆的服务宗旨是"读者第一"，这就要求公共图书馆的工作人员必须尽心尽力地为读者提供优质、便捷的服务。但因种种原因，读者对公共图书馆的服务提出了各种意见。读者的意见是读者对公共图书馆的原始认识，是读者所思所想的直接反映。公共图书馆对各种读者意见的处理与读者对公共图书馆的看法是有直接关联的。读者意见处理得当，可有效提升公共图书馆的服务质量，使公共图书馆从被动走向主动，从而能赢得读者的信任，扩大公共图书馆的影响力。

一、读者意见成因分析

公共图书馆处理读者意见一般实行月报制。大多数公共图书馆会在办公室设立专人专岗处理读者意见，编制读者意见月报、年报，对全年的读者意见做统计分析，为领导决策提供参考，提高读者对公共图书馆的信任度。根据读者意见月报、年报的统计分析，有研究发现，读者意见主要是由公共图书馆的服务态度、服务质量、管理制度和服务环境所引起的。

（一）服务态度

读者提出的意见中，因工作人员的服务态度而产生的问题占了大部分。工作人员的服务态度不好，主要是指态度冷淡、语气生硬、面无表情、怠慢读者的询问、缺乏主动服务精神，让读者产生"门难进、事难办"的感觉。还有一种问题是指公共图书馆馆员的服务语言不够规范，言谈举止粗俗失礼，工作时间扎堆聊天、打电话等。如果工作人员的服务态度好，即便问题处理得并不是很得当，大多数读者也不会追究工作人员的责任，矛盾自然就化解了。

（二）服务质量

公共图书馆服务质量问题的形成，主要有以下几个原因：

①因书目数据差错而导致的有号无书或有书无号，或因书库调整、图书遗失、污损等未及时修改数据导致检索书号与馆藏不符，影响读者借阅。②因公共图书馆系统原因造成读者无法查阅，预约、续借不成功，数据库无法检索等。③因新书（包括报刊）没有登记书号、过期报刊更换周期过长，导致读者无法查阅。④书刊破损严重，影响读者借阅。⑤开架借阅室的书刊摆放凌乱，错架、乱架现象严重，导致读者无法查阅。⑥因开架借阅室空间有限，较多近年的图书被放在闭架借阅室，读者不能自由阅读。⑦阅览室工作人员不能满足读者深层次的参考咨询需求。⑧工作人员不及时制止读者在借阅区打电话、聊天等影响其他读者的行为。

（三）管理制度

近年来，由于读者权利意识的增强，读者对公共图书馆的管理制度提出了更高的要求。主要包括两方面：①收费问题，如办借书证收费、存包收费、图书逾期收费、复印价格及超市价格问题；②进入阅览室时的各种限制，如不能带包入室，不能自携书刊、食品、茶水入室，不能自行在阅览室内复制资料等。读者认为以上这些不合理的管理办法、规章制度应及时修改、调整，与时俱进。

以下是一些有代表性的读者意见：公共图书馆应允许读者携带手提电脑入室；延长阅览室开放时间；一些非特藏阅览室，如自修室、开架借阅室，允许读者自带茶水进入；当天借的书可以当天还，还书时不必非要有借书证等。

（四）服务环境

读者对公共图书馆服务环境也有一些意见，具体如下：阅览室的照明设备损坏或亮度不当，空调的冷热不当，饮水设备、残疾人设施配备不齐全，盥洗室有异味，没有公共图书馆阅览室分布导示图或有而不清晰，没有设置无烟区，没有要求读者手机静音的提示标牌，没有配备充足数量的计算机和有线、无线网络等。

二、公共图书馆读者意见处理流程

公共图书馆读者意见处理流程主要分为收件、分件、解决处理、答复反馈、统计分析五个环节。

（一）收件环节

公共图书馆读者意见主要来自以下几方面：读者到馆后当面提出的意见，读者投入意见箱内的意见，读者向"馆长信箱（设于公共图书馆网站上）"提交的意见、书信，以及由各部门转来的意见等。办公室工作人员定期将各种来源的意见统一收集、归纳、整理。此外，公共图书馆还通过召开各类读者座谈会，发放调查表等来收集读者意见。

（二）分件环节

工作人员将收集上来的意见分成四大类：表扬类意见、投诉类意见、咨询类意见、建议类意见。根据意见内容附上读者意见处理单，分发到相关部门，由各相关部门直接处理。如果读者意见中的各条内容涉及多个部门，工作人员会将意见转给分管领导，由分管领导对所属部门提出处理意见。

（三）解决处理环节

工作人员在完成分件工作后，相关部门会针对读者意见进行核实，提出相应的处理意见和整改措施。例如，涉及规章制度方面的意见，由公共图书馆读者工作委员会讨论后提交馆领导；如果意见内容需多部门协调处理，由分管领导协商后，提交馆领导讨论决定。

（四）答复反馈环节

意见处理部门必须对留有联系方式的读者进行答复、反馈。如意见处理部门未对留有联系方式的读者进行反馈，可以由办公室工作人员对读者进行反馈。

（五）统计分析环节

各部门交回读者意见处理单后，办公室工作人员每月定期编制读者意见统计月报，全年结束后编制读者意见统计年报，分别对每月的读者意见进行统计分析，为馆领导决策提供依据。

三、读者意见处理原则

（一）换位思考，肯定读者

读者不论是向工作人员当面提出意见，还是通过电话或书面形式提出意见，工作人员，尤其是窗口服务部门的工作人员，都应遵循换位思考的原则，从读者的角度出发，设身处地为读者考虑，正确处理读者提出的意见。切忌将提意见的读者看成对立面，对其爱搭不理或急于推托，从心理上排斥读者、抗拒读者。不管读者提的意见是否中肯，工作人员应先从态度上肯定读者。

（二）认真倾听，耐心沟通

读者提出意见，尤其是当场提出意见，工作人员应将读者带离阅览室等现场，避免读者因情绪激动而影响其他读者，或使其他读者误会，从而影响公共图书馆的声誉。工作人员要注意声音平和，认真倾听，表情自然，以使读者的激动情绪稳定下来。通过读者的讲述，工作人员充分了解事情的经过和读者的意图，理解读者的意见，并对工作中的疏漏表示歉意。在明确读者的意图和要求的前提下做必要的解释说明，提出解决方案，尽可能及时解决问题。如果读者不满意当前的解决方案，应将情况记录下来，告知读者意见受理人（办公室专门负责处理读者意见的人员）的姓名、电话，引导读者直接与其联系。

（三）以"礼"服人，适当变通

有时读者的意见是对的，有时读者的意见是比较片面的。鉴于公共图书馆目前的情况，很多读者提出的意见无法立即采纳整改，即便如此，工作人员也要将情况向读者解释清楚。有时，读者的个别要求与读者群体适用的规定发生矛盾，这时，在不违反规章制度的情况下，工作人员必须向读者讲明规定和原则，适当变通。

四、建立健全的读者意见处理长效机制

公共图书馆的读者意见处理工作，与公共图书馆读者服务工作密切相关。为了能更好地为读者服务，读者意见的处理还应该有更好的机制，如受理机制、处理机制和检查回访机制。

第一,受理机制。公共图书馆可以设立意见箱、读者投诉电话等多种意见收集渠道,设立专门机构或岗位受理读者意见。对于反映较多的意见,要及时与部门和馆领导沟通,对读者意见进行统计分析。

第二,处理机制。工作人员对读者提出的意见既不排斥也不反感,必须认真处理,积极整改。窗口服务部门和内部业务部门要团结协作,窗口服务部门工作人员要及时将读者意见转达给内部业务部门。内部业务部门要加强质量管理,结合实际情况及时调整读者意见处理工作。

第三,检查回访机制。馆领导不定期检查部门工作,将读者意见的落实列入部门考核范围,回访读者,向其征求意见,设立专栏,将典型意见向读者反馈。

公共图书馆读者服务工作的管理相对复杂,需要运用不同的策略和全新的服务理念来予以实现。读者向公共图书馆提出意见,是出于对公共图书馆的信任,他们相信公共图书馆有解决问题的诚意和能力。读者提出意见,可以使公共图书馆发现管理上的疏漏、读者工作中的不足及业务工作中的薄弱环节。正是这些读者意见,才使得公共图书馆的各种规章制度、各项工作有了检验的标准。公共图书馆必须以积极的姿态解决读者提出的种种问题,想读者之所想,急读者之所急,这样才能增加读者的信任度,吸引读者走进公共图书馆。也只有建立健全的读者意见处理机制,才能使公共图书馆读者服务系统更加完善。

第四章 公共图书馆的智慧服务

第一节 公共图书馆智慧服务的提出背景、概念与特征

目前，关于智慧服务现阶段的研究主要涉及建立智慧图书馆，注重发展理念的创新与信息技术支撑下的"智慧服务"，而多数研究的主要目的是分析用户信息需求，构建个性化知识推荐服务体系。智慧图书馆所提供的智慧服务将具有场所泛在化、空间虚拟化、手段智能化、内容知识化、体验满意化等特点。公共图书馆的知识服务是顺应知识经济时代发展的服务，是建立在智慧基础上的知识服务，是推动知识开发、知识应用的重要因素，是知识服务的高级形态。

图书馆 2.0 与智慧图书馆体系都是建立在复合图书馆或数字图书馆基础上的，两者的主要区别在于硬件及技术。图书馆 2.0 主要依赖 Web 2.0 技术，包括 Blog、WIKI、RSS、SNS、Tag、Ajax 等；而智慧图书馆则主要依赖物联网、传感技术和云计算技术。智慧图书馆与图书馆 2.0 相比，能提供更高层次、更具个性、更加智慧的信息服务，但两者的服务理念与内涵是一致的，都是"以用户为中心，以个性化服务为原则"。

在智慧图书馆环境下，智慧服务应运而生。

一、智慧服务提出的背景

20世纪初,社会生产力的发展只有5%依靠科学技术,到了20世纪末,发达国家的这一比例已达到70%~80%。进入21世纪后,科学技术作为第一生产力已经越来越得到充分的体现,经济的发展比以往任何时候都更加依赖于知识的生产、扩散和应用。知识在现代社会价值创造中的功效已远远高于人、财、物这些传统的生产要素,成为所有价值创造要素中最基本的要素。知识与经济的紧密结合标志着知识经济时代的来临。

在知识经济时代,公共图书馆服务的模式应该是基于信息资源的知识挖掘,以及具有用户需求分析功能的专家式的系统服务,即知识服务。公共图书馆服务的发展是在不断提升的,共有三个阶段:一是文献服务,二是信息服务,三是知识服务。这一路径反映了服务从依赖资源、技术与工具,转变为越来越依赖公共图书馆馆员的智慧,而这种服务就是智慧服务。

二、智慧服务的概念

智慧是对事物能迅速、灵活、正确地理解和解决的能力。智慧在经济领域又称为创意,创意是创意产业发展的支撑点。创意产业指运用创造性智慧进行研究开发、生产交易的各种行业和环节的总和。例如,杭州智慧园作为智慧产业综合门户网站,致力于建设环球智库,发掘过剩智慧和稀缺智慧的价值,即汇聚全球各个领域、各个层次的专业人才,使用他们的过剩智慧或稀缺智慧为广大中小企业和各级政府提供省钱、省时、省心的解决方案,确保智慧需求方和智慧供应方都能从过剩智慧或稀缺智慧中受益。从这个例子中可以得到这样的启示：知识经济时代，社会发展、产业发展不仅需要信息、知识，更需要智慧。智慧是推动知识转化为生产力，实现知识价值化的重要力量，是国家创新产业发展的源泉。

智慧既是在知识的基础上创造新知识的过程，也是运用知识解决新问题的过程。在这个过程中，知识的有效获取是前提。公共图书馆是人类社会的知识中心，是知识汇聚和传播的重要场所，能帮助知识用户在知识应用过程中创造新知识、解决新问题。这种智慧服务不是依靠公共图书馆的信息服务就能实现的，必须依靠公共图书馆创造性的知识服务，或者说是依靠公共图书馆智慧的知识服务。智慧服务是建立在知识服务基础上的，运用创造性智慧对知识进行搜寻、组织、分析、重组，形成实用性的知识增值产品，有效支持用户的知识应用和知识创新，并将知识转化为生产力的服务。公共图书馆智慧服务与经济领域的创意服务具有相似性，但其关注的是通过知识产品的服务给知识用户带来现实的经济效益或社会效益，实现知识产品的增值，并推动社会进步和生产力的发展。

三、智慧信息服务的特点

（一）设备公共性

智慧信息服务是不受空间和地点限制的服务体系，它能够感知到读者的迫切需求。读者可以利用智慧图书馆的 ICT 技术，完成公共图书馆的预约座位等操作，让读者在良好的阅读环境中感受到贴心的服务，体验绿色的阅读方式。随着智能化图书馆的发展，智慧设备最本质的特征就是实时增值，实现设备的公共性，让更多的读者体验到知识服务的内涵，感受科技的前沿发展。例如，自助借还书机采用了射频标签的扫描技术和识别技术，便于读者对书籍进行借阅和归还。设备的显示屏幕中为读者提供了简单的操作流程，友好的操作页面通过 SIP2 的协议与应用软件进行连接，提高了设备的美观性和安全可靠性。又如，图书馆的安全门系统设备是通过射频技术对流通的资料进行安全控制，达到预防盗窃和实现监控等目的。当发现书籍的借阅状态发生变化时，该设备会自动提示和报警，有利于自助服务的可行性实施，也促进了智慧化图书馆的构建和发展。再如，为了消除部分读者对书籍安全卫生的顾虑，公共图书馆研发出的书籍杀菌机可以对书籍进行彻底消毒，为书籍的安全卫生提供保证。同时，公共图书馆还可以采用自助杀菌服务，方便读者自主选择杀菌模式，且不会对书籍造成任何刮伤和损害。

（二）感知和智能化

智慧图书馆的智慧信息服务的最大特点就是以人为本，智慧信息服务的管理和服务的主要内容也以资源整合为主，实现了对信息资源与读者的互动，连接读者与公共图书馆的关系。智慧图书馆通过采取智慧化的管理，以最大的集成化服务手段，实现公共图书馆的用户管理，加强读者与信息资源的密切关系，满足不同的读者需求，实现用户的感知体验。智慧设备与智慧图书馆有机结合，从而形成一种智能化的自助服务管理的创新形式。公共图书馆管理者在迎接数字化时代的环境下，必须全面和深入地感知智慧图书馆的发展特点，再根据智慧图书馆的相关构建原则以及实际情况，建立自助服务中心、智慧移动学习平台、个性化信息服务等，帮助读者理解智慧图书馆的运营理念，引导读者循序渐进地接受智慧化图书馆的服务模式。智慧图书馆通过智能手机、平板电脑、RFID 读写器等设备，将公共图书馆的藏书和文献的运行状态呈现在读者面前，让读者对数据进行动态感知。同时，基于先进的位置感知技术，智慧图书馆也可以通过智慧设备为读者提供相关的信息资料，符合书书相连、书人相连、人人相连的核心要素，从而将智慧图书馆形成馆馆相连、网网相连的互联网图书馆。读者和公共图书馆管理者在互联网的作用下充分地进行感知，读者可以随时随地享受到智慧图书馆的资源供给和服务。智慧图书馆通过对信息资源的深度感知，加强资源的深入挖掘和定位，明确读者所在位置，获取读者的基本信息和阅读喜好等相关资料，再通过人机交互等设备为读者推送个性化服务，实现智慧图书馆信息化和远程管理的目的，精准地找到读者所需的资源。

（三）资源丰富性

随着信息技术的飞速发展，以 5G 时代为代表的新一轮科技革命正悄然地开始，以数字化知识信息为基础的智慧图书馆，在感知环境变化的过程中面临着巨大的挑战与机遇。作为公共文化机构的图书馆，政府一直积极探索以现代化技术手段来传播和推广公共图书馆文化。各地的公共图书馆也纷纷使用"黑科技"服务手段，吸引更多读者的目光，为读者提供有趣的阅读体验。智慧图书馆设备通过对读者进行人脸识别，就能开通无感的借阅通道。例如，江西省的图书馆就采用了无感刷脸借阅书籍、VR体感游戏等设备，通过自动识别技术将智慧图书馆的管理系统进行整合，完成了图书采购、编目、读者管理等工作。通过大数据看板，智慧图书馆会检测图书馆内的信息，便于管理者分析读者的阅读行为。另外，智慧图书馆也可以采用线上展览的方式，让居家的读者也能体验到阅读的快乐，丰富群众的精神文化生活。智慧图书馆也可以将各地图书馆丰富的藏书资源通过创新的技术支持，建立内容涵盖百万种原貌电子书、几百种实时报纸和杂志、数万集的视频讲座和几千种优质专题的体系，有利于本地公共图书馆的特藏资源建设，扩大资源规模。在收集资源内容的过程中，公共图书馆工作人员必须改变片面化心态，增加资源的特色，促进本地文献收集工作的开展，对特藏资源的内容覆盖工作起到积极的作用。

（四）管理集群化

智慧图书馆的信息服务模式有助于公共图书馆形成集群化管理系统，即以图书馆的集群系统为依托，以挖掘数据和智能分析为核心，对教育主干网和城域网等各级网络进行相互连接，从而达成智慧图书馆的管理统一性，方便公共图书馆掌握各地读者的动态，能够让各行业工作人员、图书管理人员共同使用图书管理平台软件。在共享一体化的公共图书馆服务体系下，智慧图书馆也担负着提高每个区的图书管理水平，使各个地区的公共图书馆管理发展均衡，协调公共图书馆之间的工作职责。针对全国的图书馆资源存在冲突的问题，智慧信息服务模式选择了合理的发展路径，进一步整合图书馆资源，使更多的群众愿意走进公共图书馆，激发其阅读的兴趣，并建立浓厚的阅读氛围；利用互联网技术，搭建统一的网络信息管理平台，联合管理保障机制，合理周转各地公共图书馆之间的文献资源，为读者营造良好的阅读环境，为智慧信息服务模式的发展提供政策的支持。

（五）服务协同性

基于智慧信息服务模式的发展，智慧图书馆内部的协同服务模式应与外部的系统服务模式相适应，从智慧图书馆的服务协同性的特点中提出了协同生态的概念。随着人们对公共图书馆服务提出的更多要求，利用创新服务的策略引起了图书馆管理者的重视。智慧信息服务模式通过大数据、云计算等技术手段，促进智慧图书馆的发展，以技术作为图书馆发展的原动力，将信息服务进行智慧化和感知化，同时引入协同发展的思维，与智慧信息服务模式相融合，达成以人为本的目标。智慧图书馆打破了时间和地点的局限性，运用服务协同性理念，降低运营和交易成本，与公共图书馆有关的人、物、网络、环境等都开展不同形式的协同关系，从而建立一个共享服务的协同生态系统。在协同生态下，智慧图书馆对学科化的服务也越来越重视。所谓学科化服务，就是以学科为基础，以学科管理员为核心，针对读者专业以及学科，采用先进的信息技术和网络技术开展的介于信息服务和知识服务之间的一种新型服务模式。公共图书馆从自身角度出发，利用馆际协同、人际协同、学科协同和人物协同等理念，最终推进智慧化服务，不断提升公共图书馆服务的智能化水平，也提升读者群众的自身智慧。

第二节 公共图书馆智慧服务的本质、主客体与内容

一、智慧服务的本质

在图书馆学的认知中,关于公共图书馆智慧服务的本质大概分为三个方面,即技术智能性、知识性和人文性。

技术智能性的智慧服务强调公共图书馆的智能技术,在这个智能技术发展如此之快的今天,没有技术的支持是万万不能的。在传统图书馆发展到数字图书馆的过程中,公共图书馆服务方式的不断变化,处处离不开技术的支撑。尽管技术上的升级更新在公共图书馆的发展中扮演着重要的角色,但应该避免刻意夸大技术的重要性,因为它再怎么重要,提高的只是公共图书馆设备的智能性,服务方面的智能性还要靠公共图书馆馆员的共同努力才能完成。公共图书馆是用来服务大众的,技术只是一种服务的手段或方式,是最基本的公共图书馆服务形态。

知识性的智慧服务就是更高级的知识服务,具有知识的创新性,并将这种智慧服务作为未来公共图书馆服务的核心。这种想法看似美好,实则不切实际。因为就我国目前的国情来看,实现这种智慧服务所花费的人力、物力将会非常巨大,国家不可能将有限的资源全部投入进去。公共图书馆作为信息与知识的主要储存地,所提供的最多的服务应该就是借还书和参考咨询服务。

人文性的智慧服务意指通过提高公共图书馆馆员的人文智慧来提升图书馆

自身的人文智慧，从而吸引更多的读者，并挖掘出潜在的读者。通过提高公共图书馆馆员的人文智慧并加强他们的知识储备，公共图书馆才能更好地为读者提供智慧服务，才能更智慧地运转。公共图书馆的存在就是为了服务于全人类。在智慧图书馆中，工作人员应该摒弃以前传统的被动服务模式，为用户提供更智慧的服务，让读者通过智慧服务，真正体会到"人守其学，学守其书，为人找书，为书找人"的乐趣和意义。

综上所述，智慧图书馆的知识服务应该在强调技术智能性和知识性的基础上，将重心放在人文性和人性化上。公共图书馆馆员应该提高自己的综合能力和知识素养，运用自己的智慧与用户进行沟通与交流，让用户在公共图书馆既能找到自己所需的文献资源，也能寻找到一份宝贵的精神资源。

二、智慧服务的主客体

将知识转化为生产力的过程必然是集体的过程，而不仅仅是个人的努力，因而智慧服务强调团队观念，提倡团队意识，开展团队服务。智慧服务的主客体分别是：由知识组织者组成的智慧团队，由知识用户组成的智慧团队。

由知识组织者组成的智慧团队是指由公共图书馆的知识工作者（也可以是其他信息机构）组成的，具有较高的信息技术能力和开发能力的团体，即智慧服务的主体。其特点：一是依靠团队力量来组织知识生产和提供智慧服务；二是加入用户团队，作为用户团队处理信息、应用知识、解决问题的内在成员来进行智慧服务。由于公共图书馆工作者本身的知识结构缺陷，要完成智慧服务有其局限性。知识组织者可以渗透到用户团队中，作为用户智慧团队的成员为其提供知识服务，将知识智慧贡献给知识用户团队，从而实现智慧服务。例如，国家科学图书馆按照"统筹规划、分工负责、协同保障"的思路，建设了体系化、层次化、协同化的全馆战略情报研究团队，覆盖了科技创新的主要学科领域。团队主要分为四个类型：宏观领域情报团队（战略决策情报中心、科技政策情报团队）；科学领域情报团队（基础科学、资源环境科学、生命科学、战略高技术）；科技创新基地领域团队（1＋10科技创新基地团队）；学科情报研究组（科技评价组、情报技术平台组等相关团队）。

由知识用户组成的智慧团队是指公共图书馆知识工作的服务对象，即智慧服务客体，包括政府或企业决策机构、科学研究课题组、企业产品研发团队、专业社会团体等。知识用户团队本身也是知识工作者，其知识工作的本质就是知识创造。在知识经济时代，技术进步的速度大大加快，知识团队在知识创造中的作用日趋明显。一方面，由于社会分工的精细化和专业化，个体知识用户的知识积累在加深的同时广度却在缩小，而知识创造活动需要多种知识的融合，使得个体之间协作开展知识创造成为需要；另一方面，现代社会中知识创造活动复杂、创造成本高、创造风险大，单个知识用户很难独立完成知识创造活动。

由此不难看出，智慧服务的主客体都是知识工作者，也就是由运用知识进行知识发现、知识创新的人组成的团队。两者的结合形成知识创造能力的互补，必然产生更大的创造力，进而实现在原有知识基础上的知识增值。

三、智慧服务的内容

建立在知识服务基础上的智慧服务，关注的是知识转化与应用，因为知识本身并没有价值，它的价值体现在知识运用的过程之中。在信息社会中，公共图书馆服务的目的就是要实现"用知识和智慧创造价值"。创造价值的过程就是知识转化和运用的过程。目前，公共图书馆智慧服务的应用尚处于初级阶段，主要有以下三个方面：

（一）决策支持

为知识用户团队提供决策支持服务是信息服务机构的基本内容。从我国国情来看，社会信息咨询机构发展缓慢，政府科研机构实力有限，大多数中小企业缺乏研究团队，而公共图书馆具有专业的情报服务能力，能够为知识用户提供决策支持服务。为知识用户提供决策支持的主要形式是专题服务，即通过对特定内容的信息和知识的加工、分析、挖掘，形成专业的知识产品，为政府、企业、社会团体的决策提供智力支持，包括专题社会信息服务、专题产业分析报告、专题行业资讯等形式。下面以专题社会信息服务为例来说明。

专题社会信息服务是指公共图书馆根据社会需求开展的针对各个时期工作的重点、热点、难点问题，收集、分析、筛选有关信息，以简报、内参、专题报道等形式提供给相关信息用户和决策层，为决策者充当参谋和助手的角色。例如，广州大学图书馆从2002年3月开始，在中共广州市委对外宣传工作领导小组办公室委托和指导下，为有关部、委、办、局提供新闻信息综合与专题服务。根据委托单位的要求，组织专业人员就境内外媒体对广州市的新闻报道进行收集、加工、整理及舆论情况分析，以电子版传送和出版专题资料汇编等形式，由市委外宣办分发给市委、市政府及有关部、委、办、局，方便相关部门了解舆情，提供科学决策参考。

提供决策支持不能仅仅是提供信息层面的服务，还应该是在对元数据进行挖掘与分析的基础上衍生出的创造性服务。数据挖掘也称知识发现，是从数据库中获取人们感兴趣的知识，这些知识是隐含的、潜在的。数据挖掘技术通过从数字图书馆、数据库和浩瀚的网络信息空间中发现并提取隐藏在其中的信息，帮助信息用户（决策者）寻找数据间潜在的关联，发现被忽略的要素，而这些信息对预测趋势和决策行为是十分有用的。

（二）科学研究

科学研究是知识发现、知识创造的过程，即知识生产过程。知识生产是人们在物质生产过程中发明、发现、创造各种物质运动转化的条件及能量来源的思想观点、方法、技巧等的过程。为科学研究提供智慧服务，是公共图书馆知识服务的核心。

研究型知识用户是知识需求的主体，其需求是反映国内外有关课题的历史状况、当前水平和未来发展趋势等的综合性知识。他们所需要的不是一个个信息片段，而是精练、浓缩的系统化知识。在不同的研究阶段，他们需要不断地获取与课题有关的大量系统知识及实验数据。为此，公共图书馆智慧服务团队可深入某一学科、某一研究项目中，配合研究型知识用户，从课题立项到成果鉴定，进行全程跟踪服务；同时，对该研究项目学科的相关知识、成果评价的知识、权威信息源或载体的知识等进行描述、评价和提示，对专业数据库进行智能类聚合链接，对口提供专业细化、面向课题的个性化专题知识服务。此外，公共图书馆智慧服务团队还要为研究型知识用户提供各个学科领域的最新研究动态、各个学科当前以至将来的研究热点，预测各个学科的发展方向，提供学科研究的核心信息源。为科学研究提供智慧服务的关键在于知识挖掘和专业分析。不同专业领域都有其特定的专业数据库，如化学专业的化合物数据库，将这些专业数据库与文献数据库通过标注描述建立映射关系，可以实现知识的发现。

（三）产品研发

产品研发是指各种研究机构、企业为获得科学技术（不包括人文、社会科学）新知识，创造性运用科学技术新知识，或实质性改进技术、产品和服务而持续进行的，具有明确目标的系统活动。产品研发一般指产品、科技的研究和开发。研发活动是一种创新活动，需要创造性的工作。其中，技术研发是指为了实质性改进技术、产品和服务，将科研成果转化为质量可靠、成本可行、具有创新性的产品、材料、装置、工艺和服务的系统性活动。产品研发水平是衡量一个国家创新能力的重要指标。产品研发的前提条件包括研发团队、研发经费、研发信息等。研发团队成员一般具有高学历，并且具备将知识转化为生产力的运作能力；研发经费是产品研发的必要条件；研发信息则是产品研发的基础，三者缺一不可。

公共图书馆为产品研发提供的信息包含基础知识信息和专业知识信息。基础知识信息属于知识服务的范畴，专业知识信息属于智慧服务的范畴。

基础知识信息是研发"所需的有关技术经济信息、经济决策信息、管理信息、市场供求信息、政策措施、实践经验、热点问题、同行企业的发展态势、经营管理、科技发展、新产品开发和市场占有率等信息，为企业生产和决策服务"。专业知识信息则是系统化、创造性的信息。从知识管理角度来看，新产品研发过程就是知识共享、知识转化、知识创造的过程。对于国内外大型企业而言，实现新产品研发领域知识的管理，特别是研发知识资源共享和共用，是新产品研发知识管理系统的首要任务。然而，目前我国还没有形成统一标准的知识管理系统模型框架。虽然已有几种比较典型的知识管理系统模型，如基于多代理人的系统模型、基于舱结构的系统模型、基于统一建模语言的集成化系统模型和基于"社会—技术"双视角系统模型等。但对于大多数中小企业而言，仍存在建立知识管理系统条件不足的问题。

公共图书馆智慧团队应该充分利用自身的知识智慧，主动嵌入企业产品研发团队，为其提供知识产品服务。例如，公共图书馆智慧团队可以采取构建产品研发信息交流协作空间、个人知识库、机构知识库、专题知识库、学科知识门户等方式，通过知识服务推动产品研发团队的知识共享、知识转化、知识创造，促进企业的创新能力提升，提高知识转化成现实生产力的能力和效率。以上海图书馆为例，其提供的企业服务主要有：①企业技术战略和规划研究；②知识产权保护系列咨询服务及其战略研究，侵权调研与分析；③行业调研、市场调查、产品定位、商业机会分析;④科研成果、立项、专利、新产品等查新与评价;⑤企业综合性的个性化情报服务等。

智慧服务要求知识服务精品化。对于产品研发团队来说,他们已经不再满足于为企业提供一般性知识服务,而需要提供解决问题方案的核心知识内容。这就要求公共图书馆智慧服务团队将分散在该产品领域及相关领域的专业知识加以集成,从中提炼出对研究、开发与创新有用的"知识精品"供产品研发团队使用,帮助其寻找新知识的生长点,激发知识创新的灵感,促进主观知识(隐知识)向客观知识(显知识)的转化运动,缩短技术创新周期,提高技术创新水平,增加人类知识总量。为此,公共图书馆智慧服务团队应贯穿于用户解决问题过程的始终,提供从知识捕获、吸取、重组、创新、集成到应用的全程一体化服务。

第三节 公共图书馆智慧服务途径及其构建

一、多时间、多空间的公共图书馆服务途径与构建

多时间、多空间的公共图书馆服务是现代图书馆的基本服务形式,也是智慧图书馆的基本内涵要求之一。智慧图书馆除为用户提供基于传统的物理图书馆建筑进行的基本书籍借阅等服务外,还能提供延伸空间与时间的服务。"三网融合"也为这种延伸提供了便捷的支持条件。读者使用网络、电视、新媒体享受基本的公共图书馆服务不再是难题,网络图书馆、手机图书馆、24小时自

助智能图书馆保证了全天候的多时间服务。智慧图书馆在多时间、多空间的服务途径构建中,一方面需以实体的物理图书馆为阵地,增加以阅读活动、信息服务等为主要内容/主题的活动;另一方面需建设手机图书馆、网络数字图书馆、24小时自助图书馆等服务平台,延伸和丰富公共图书馆的服务载体,使用户在任何时间(包括白天、晚上、节假日)、任何地点(如办公室、家里、地铁)都可以实现信息的获取与利用。可喜的是,目前,我国越来越多的公共图书馆建设了网络图书馆、数字图书馆和手机图书馆。此外,截至2012年6月底,24小时自助图书馆已在全国的38个城市得到了应用。随着社会生活节奏的加快及信息价值的进一步显现,许多公共图书馆开展了诸多的智慧图书借阅服务,如中信出版社推出的"云端图书馆"。这些方式新颖、服务贴合实际、创建主体多元的服务方式,也都进一步阐释了智慧图书馆的多时间、多空间的服务内涵特征。

二、以人为本的公共图书馆服务途径与构建

以人为本是智慧图书馆的另一大主要内涵,特别是随着近年来信息技术的发展及应用,越来越多的公共图书馆注重技术在服务与建设中的实践,提高了公共图书馆的服务水平和效率。但在具体的发展中,公共图书馆很容易走进只重视现代生活元素而忽视传统人文特色的歧途,如在馆舍建设、资源构建时,重馆舍面积及馆藏数量而轻服务等,这就导致公共图书馆社会文化传播、研究、储存的本职功能未能真正发挥该有的作用。智慧图书馆在以人为本的服务途径构建中,应保留原有的传统服务优势,充分发挥馆员及馆藏优势,开展如特色

馆藏服务、学科服务、信息咨询服务、数据挖掘等通过人和信息相结合而发挥作用的嵌入式、专业化服务，使公共图书馆真正成为社会知识组织、研究与服务的中心。例如，2009年进入我国的"真人图书馆"，就是现代图书馆以人为本服务的一大创新典范，值得各个图书馆在实践中借鉴与创新拓展。

三、高度智能的公共图书馆服务途径与构建

智慧图书馆强调图书馆的高度智能与智慧管理。在高度智能方面，信息技术及系统的发展促使管理系统广泛应用于公共图书馆的资源、人力、财务管理等各个领域，Web 2.0、RFID（射频识别）等技术的应用也为公共图书馆智能化的资源定位、智能化的资源推送、智能化的资源定制、智能化的资源管理、智能化的办公等提供了条件和实现的可能。在智慧管理方面，公共图书馆管理者既需重视文献资源的收藏、研究与使用，也需要重视客户对知识的挖掘、组织与服务，以及公共图书馆在社会文化建设中的社会责任；既需重视读者用户的服务环境、服务效率与服务水平建设，也需重视公共图书馆的可持续发展动力与要素。智慧图书馆在智能化服务的实现途径构建中，可主要以实现智能化的图书存放与调度系统、智能化的图书馆安防系统、智能化的服务环境调节系统（如灯光调节、温度调节等）、智能化的信息管理系统（如个性化知识的智能化抓取、组织与推送等）为突破口，运用智慧管理，推动智慧图书馆带来一种以发展理念、服务技术、管理形态为主的全新模式。

四、基于"第三空间"理念的公共图书馆服务途径与构建

随着全媒体时代的到来,人们更加强调公共图书馆的文化休闲作用,公共图书馆将从传统的以书为中心转变为以人为中心,成为集阅读、休闲功能于一体的智慧图书馆。"第三空间"这一词也准确表达了近年来人们对图书馆,特别是公共图书馆的建设愿望。"第三空间"所反映的公共图书馆休闲理念也是智慧图书馆的主要理念之一,因为智慧图书馆也强调公共图书馆的休闲功能。智慧图书馆在基于"第三空间"理念的公共图书馆服务实现途径构建中,可以增加公共图书馆的咖啡屋、音乐室、文化活动室等,营造舒适的人文、绿色、休闲环境来凸显其休闲氛围,使读者在休息中阅读,在阅读中休息。

五、基于资源共享、集群发展要求的公共图书馆服务途径与构建

海量的信息以及用户信息需求的复杂多样对公共图书馆资源建设提出了挑战,而网络信息技术的发展为公共图书馆资源的共享提供了条件。因此,走资源共享道路,构建地方公共图书馆服务体系也成为近年来我国公共图书馆的发展趋势之一,总分馆、集群式、联合发展等资源共享模式已在我国东部沿海城市的公共图书馆中得到实践。智慧图书馆的服务模式是一种新型的以知识和信息共享整合、便捷利用、多维度服务为主的服务模式,资源共享与集群式发展是智慧图书馆的一大主要特征。智慧图书馆在基于资源共享、集群发展内涵要求的服务实现途径构建中,需借鉴已发展成熟、国内迅猛发展的总分馆等建设

模式，总结、分析自身的特殊性与差异性，因地制宜，创造适合自己发展的资源共享、集群管理发展模式。

第四节　公共图书馆智慧服务系统的基本构成

公共图书馆智慧服务系统由信息资源采集、处理、加工整合、服务系统构成，即由智慧信息采集系统、智慧资源加工系统、智慧资源整合系统等系统构成。

一、智慧信息采集系统

信息的采集是公共图书馆开展服务工作的前提和基础，智慧信息采集系统首先对感知对象进行主动的知识描述，通过信息的全面感知，将信息、读者、公共图书馆组成一个循环的整体，实现三者之间的两两互联，并最终将这种感知反馈给全社会。智慧信息采集包括对读者身份信息的采集和对读者需求信息的采集。

（一）读者身份信息的采集

读者的身份信息包括读者的基本信息，如年龄、性别、职业等，以及阅览信息，如借阅信息、到馆次数等。公共图书馆把这些信息收集起来创建读者信息库，并随着读者到馆情况的变动对信息进行及时更新。

（二）读者需求信息的采集

读者需求信息采集是建立在对读者身份信息分析的基础上，针对不同的群体需求特色采购不同的信息资源，基本分为纸质资源和电子资源。纸质资源除了普通的书籍之外，还包括少儿图书和盲人书籍等；电子资源除了数据库，还应当有各种光盘、声频等音像资料，以照顾到不同群体的需求。

二、智慧资源加工系统

采集完读者的信息之后，公共图书馆需要对读者的需求信息进行加工处理，以形成与之相适应的信息类型，这就需要公共图书馆的智慧资源加工系统。市场上的资源加工系统有清华同方的 TPI、北京金新桥的 TBS、北大方正的 Apabi、北京拓尔思的 TRS 等。具体来说，这些系统的主要工作流程如下：首先对文献信息资源予以数字化转化，并进行标识；其次，对形成的数字化内容进行校对；然后，对校对后的内容进行数据加工和编目；最后，把完成的内容存储到智慧系统中。

针对电子信息资源的加工，如录像带、光盘、磁盘等，需要专门的非书籍资源管理系统。市场上的这类系统有杭州麦达开发的"非书资料管理系统"、江苏汇文开发的"非纸质资源管理系统"等。

三、智慧资源整合系统

加工后的信息通常具有多样性、杂乱性、无序性等特点，因此需要经过整合，形成直接供读者使用的信息。智慧资源整合系统通过互操作和结构化这两种技术，可以将散乱的信息转化为有序的信息资源。其中，互操作技术解决异构资源互联的问题，包括智能 Agent 技术、搜索引擎技术、数据挖掘技术、知识管理技术等；结构化技术解决数据的"优构"问题，包括元数据技术、中间件技术等。

智慧资源整合系统通过对信息资源的分类、评价、标引、建库等步骤形成一个结构化数据库，读者通过检索平台可以浏览或查找到自己需求的相关信息，这也是当前公共图书馆资源建设的重要方式之一。市场上目前也有一些资源整合系统，但大多都存在准确率差、覆盖率低等缺点。智慧资源整合系统利用Agent 的自主性、智能性等特点，针对上述问题提供了改进方案。

第五节　公共图书馆智慧信息服务模式与构建路径

一、公共图书馆智慧信息服务模式

（一）图书借阅服务和 OPAC 系统服务

图书借阅服务主要依赖于智慧图书馆的传感技术和云计算技术，利用硬件与软件方面的优势，为读者提供更高层次和更具个性的信息服务。图书借阅服务的服务理念和宗旨是不变的，仍是以读者为中心，以个性化服务为标准原则。采用的借阅服务模式基于图书馆的智慧识别技术，为图书馆的管理注入了创新的活力和全新的自助服务体验。随着射频技术的发展，智慧图书馆增加了图书借阅服务设备，加速实现了书籍借还和盘点、查找与防盗定位等功能，从而提高了智慧服务水平。

智能化的 OPAC 系统又称图书馆联机目录，是智慧图书馆借阅服务应用的一大亮点，直接使用 RFID 阅读器自动获取书籍的电子标签上的信息，帮助读者快速搜寻到书籍的位置。例如，OPAC 系统将扫描的信息上传到图书借阅数据服务器中，当读者在借阅设备中搜索到需要的书籍时，OPAC系统可以对该图书发起定位，再通过RFID技术形成定位导航系统，从而准确地找到图书所在的地理位置。这项智能技术可以为读者提供查询和定位的功能，也是读者通过检索功能进入图书馆信息资源的重要手段。在图书馆智能化系统必要的标准模块中，OPAC系统获得了图书馆资源管理的认可，并越来越受读者的青睐。面对强大的互联网搜索引擎服务的威胁，OPAC系统的使用和运作也得到了进一步的完善，对应的书目数据库、出版商数据库、书目数据库和用户数据库记录的信息也更加地详细和准确。其中，书目数据库的内容包括了图书馆藏书的基础信息，如书名、出版商、价格、销售排名等。对读者具有一定的导向作用，针对读者的年龄、性别、工作、学历信息等，提供具有个性化的推荐服务和技术支持。单从OPAC系统的检索功能上来看，它的检索功能比互联网图书馆的检索功能更加丰富和专业，基本检索就包含了多字段、多库存、高级命令语言的检索策略。因此，OPAC系统收藏的图书信息也更加全面化，确保读者在使用该检索时能够准确地找到书目的记录和藏书的定位，并浏览到藏书借阅的记录等相关信息。

（二）读者服务工作

智慧信息服务模式的重要工作形式之一是读者服务项目，即以读者为中心开展服务平台工作，与读者建立良好的沟通关系。在公共图书馆的实践工作中，通常使用微博、微信、手机App等咨询平台。对此，公共图书馆工作人员将不遗余力地开展读者服务工作的研究，并尝试建立健全的智慧图书馆网络管理系统。在虚拟的公共图书馆空间中，智慧信息服务模式可以不限时间和地点，实现移动图书馆感知功能，以实体的图书馆为依托，以互联、高效、便利为主要技术特征，将智慧图书馆的定义显现得更加清晰。

智慧图书馆使用微博、微信等网络媒介，及时发布公共图书馆的信息，可起到传播思想和文化的作用。在微博的个性化界面中，公共图书馆通过简单的信息录入，很方便地让更多的读者了解到公共图书馆的阅读活动，如馆内即将举办的讲座时间、宣传和推广的馆藏资源等。官方微博的发布，既能为读者群体提供咨询服务，还能进行文献和知识导航的推广等服务。智慧图书馆通过微博、微信等新媒体传播途径，增加了公共图书馆与读者的互动，也能快速地帮助公共图书馆积累更多的用户。用户可以通过新媒体渠道随时随地了解公共图书馆的相关服务信息以及报道，逐渐形成智慧图书馆服务推广与实施的移动平台。公共图书馆使用新媒体创建知识库，整合各种资源，并创建具有针对性的微博账号等。例如，参考咨询类的账号、学科信息类的账号、读者微博账号等，便于读者根据自身的需求快速、准确地获取相关信息。智慧图书馆在管理上应当广泛地使用移动客户端的软件，与读者的微信号、QQ 号、手机号进行绑定，读者通过登录图书馆移动客户端，就能及时搜查和咨询到所需信息。同时，移动客户端也是一个即时通信软件，读者可以在软件中使用群聊、短信等互动功能，打造一个便于读者分享书籍和交流感悟的平台，从而有利于公共图书馆与读者之间增强黏性，提升读者对公共图书馆发展的关注度。公共图书馆移动客户端中还包含智慧图书馆的所有服务功能，集成无线网络和分析的感应数据，增加参考咨询服务、信息定位服务、特色书籍资源等阅读和学习课程资源等，从而大大提升智慧图书馆的服务质量，提升读者的满意度，真正成为读者生活和工作的一部分。

（三）读者教育服务

智慧信息服务模式在读者的教育方面也起到了不可小觑的作用，智慧图书馆在学科文献的检索方面进行了优化和调整，方便学习者对学科信息的搜索。相比传统图书馆，智慧图书馆更加注重读者的自身素养的提升，以培养综合能力为目的，关注读者的教育服务工作。公共图书馆收藏着大量的学术文献资料，被誉为知识的心脏，也是学者的第二所学堂。随着信息时代的不断进步，社会需要高素质的综合性人才，导致社会文献信息需求日益增多，人才的教育与培养占据了首要的位置，人才是文献的使用者，而读者教育服务正是让人才掌握使用公共图书馆的各种技能。同时，智慧图书馆对拓展读者的知识层面有直接的帮助，读者可以通过阅读不断地完善自身的专业知识体系，也可以通过借阅相关专业的主要参考文献，扩大阅读范围，提升自身的素质。尤其是专业院校进行相关的科研活动，对文献资料的需求也是较多的。智慧信息服务模式可以服务教学，服务读者，也可以利用互联网技术等信息手段，拓展服务领域，建立新媒体的传播平台。智慧图书馆以微博、微信的群发功能发布公共图书馆的资讯、信息通知等内容，向广大学者及读者告知公共图书馆的相关信息，提醒借阅人需要按时归还藏书，方便随时随地的沟通和交流，拉近了公共图书馆与读者之间的距离。此外，信息化技术使公共图书馆成为信息集散地，将对读者的服务从被动转变为主动,深化服务层次,正确引导读者多阅读,为读者提供多种电子文献资源,利用开放式网络信息服务模式,将公共图书馆的服务工作转向多层次的信息咨询服务,从而提升为读者服务的综合能力,适应时代的发展形势。

二、公共图书馆智慧信息服务模式的构建途径

(一)积极搭建智慧服务技术平台

我国图书馆行业正积极推进智慧服务平台和系统构建,旨在培养云计算、大数据等新技术应用。在智慧图书馆的建设项目中,政府需要给予资金和技术的全力支持,引导传统图书馆行业的转型和升级,依靠庞大的智慧服务系统,稳步推进各种自助服务和智能识别等技术。在互联网技术的驱动下,公共图书馆积极购进智能设备,优化硬件设施,提高服务智能化手段,使服务能力得以提升。在公共图书馆信息化系统的有序运行下,新技术和新服务平台的构建是必然趋势。智慧图书馆建设的核心任务也是塑造以公共图书馆业务和服务板块为服务框架的服务平台,规范购书、管理藏书等方面的流程,并通过智能化操作集成管理,实现知识的融合服务。在智慧图书馆的领域,将公共图书馆的管理业务进行重新整合,凭实践经验划分数字化重组和智能化重组两个阶段,通过重组业务改善为读者服务的水平,从而提高为读者服务的效率,有效地提升读者在公共图书馆阅读环境中的适应能力,发展智慧化信息模式的可持续性。搭建新一代的智慧服务技术平台中的中央知识库,统一不同形式的文献资源,形成具有简约、便利、灵活等特点,促进公共图书馆业务流程的网络化,节约

人力成本。通过整合纸质化阅读与电子化阅读一体化的功能，统一公共图书馆的纸质资源、数字资源，允许索引和检索界面显示本地图书馆的服务内容，集合以及开放访问资源，并主动地推送给读者，满足读者的即时需求。在公共图书馆的智能服务实施过程中，公共图书馆需要利用智慧服务技术平台，利用大数据和云计算的分析，以传感器识别技术为基础，从丰富的藏书信息资源中深入挖掘潜在价值，并逐步转为多元化的增值服务模式。优化智慧图书馆的人员配置，节约人力资源，减轻公共图书馆管理工作的压力，使人工借阅服务转变为学科的咨询和智慧服务，提高服务质量，有助于拥有更多的精力分析和完善智能服务平台的管理。

（二）加强智慧技术标准和制度建设

智慧信息服务模式是一种不受空间限制并具有感知的移动图书馆，读者可以通过智能化的检索功能获取到想要查询的文献。首先，通过公共图书馆的管理、感知、知识服务有机结合，营造智能信息的共享空间，进行建设目标、标准等方面的探讨，在一定程度上促进了智慧图书馆的健康发展。智慧技术标准和制度体系建设对智慧图书馆的发展具有现实意义，从公共图书馆的核心管理要素中分析相关技术标准，提出相应的制度体系，为智慧图书馆的建立和发展提供有效的依据。因此，智慧图书馆的技术标准参考和借鉴了国外先进的智慧图书馆已有的管理标准，结合我国国内公共图书馆的实际情况，围绕公共图书馆的核心技术建设和数字化发展程度，构建共享资源的合作建设，形成特色资源建设的智慧图书馆制度体系。基于各类智能化技术的重组、实物数字化延展等资源利用的手段，对公共图书馆的资源进行深度开发，统一集成管理，建设具有中国图书馆特色的标准服务体系。以读者为中心的感知智慧服务，在适合的时间和地点向读者推送符合需求的资源，注重用户的需求和喜好，引导读者使用相关智能设备，倡导公共图书馆智慧服务，为读者提供24小时全天候的咨询和借还服务，并细化用户服务标准，有利于开展查询、借阅、推广等服务。

1. 培养高素质的图书管理人员

为了打造新一代的智慧服务平台，公共图书馆需要引进智能技术和设备，对此，公共图书馆的管理人员不仅要掌握借阅服务和参考咨询服务，还要熟悉智慧服务平台的操作。为了给读者提供高质量的服务，公共图书馆将重新招募业务能力较强的高素质人才，并对原有的管理人员进行能力再造，通过对组织机构的重组，优化人力资源的配置。智慧图书馆采用的现代化技术，需要图书管理人员具备良好的服务意识和技能，让读者在优质的公共图书馆环境中，享受到更高水平的服务质量，切实做到精心和细心，避免出现人工错误，树立读者至上的服务理念。智慧图书馆应加强管理人员的信息化能力，加强岗位的技能培训。同时，提升人员的计算机操作水平、数据库技术水平、网络技术水平等，并对其进行图书管理、档案、目录、文献以及外语等各科的知识培训，真正满足不同领域用户的需求，并引导和鼓励图书管理人员积极参加各类学术交流和讲座等活动，拓宽视野，丰富自身的阅历。公共图书馆的管理人员在不间断的学习和自我补充下，更好地迎接新时代的公共图书馆管理带来的新变化和新要求，从而受益终身。

2. 加强智慧服务的人文关怀

近年来，传统图书馆纷纷向研究型图书馆、智慧型图书馆、自助型图书馆转型，公共图书馆的文化内涵和工作理念也随着时代变化，诠释的意义也发生了变化。一切为了读者，与读者共进步，是当代图书馆人文关怀的体现。在智慧信息服务模式下，信息技术、物联网技术等时刻伴随着公共图书馆的日常运营，VR、RFID等技术实现了公共图书馆的智慧功能，搭建了智慧服务平台，为广大读者提供了优质的信息化服务，增强了与读者的互动和交流。公共图书馆的管理工作不仅要为读者提供良好的服务，还要提供优质的阅读环境。打破传统的公共图书馆陈规，免费为读者提供饮用水和纸巾，联合社会团体开展公益活动，帮助有需要的群众。同时，公共图书馆还需要为读者提供更有价值的知识增值服务，为读者提供个性化的知识服务，利用创新与深化改革的方法，体现公共图书馆对读者的人文关怀。此外，公共图书馆的管理者也应当学会换位思考，主动关心其工作人员，与管理人员增加沟通和互动，增加感情交流，营造和谐的工作氛围，从而激发员工工作的积极性，使员工以热情的工作态度面对读者，获得读者的信任和肯定。

第五章　公共图书馆服务模式创新

第一节　自助服务模式

一、自助服务的特征

自助服务是指获得服务资格的客户在一定的服务设施条件下，按照一定的服务规则，自己独立进行操作，自己产生服务的同时自己消费服务的一种服务形式。自助服务体现了集智能化和服务化于一体的内涵，是用户享受自助服务的过程。自助服务有室外和室内两种形式，室外的自助服务通常是借助公共场所的基础设施进行的，而室内的自助服务可以在办公地点或者家里进行。例如，用户可以在办公室利用设备完成打印和复印的工作等。通常情况，自助服务大多是指室外的自助服务。另外，自助服务存在以下几个特点：

一是同质性。自助服务的形式多种多样，但是服务的作用是一致的，一般这种同质化的服务具有消费可替代性。

二是便利性。自助服务的成本比其他人服务的成本要低，主要体现在交易方式和消费方式上，自助服务可以极大地降低运营成本和人力成本，成功率也较高。

三是服务者和消费者是同一个人。在一般的服务形式中，服务者和消费者通常是不同的人，而自助服务中服务和消费都是同时同地发生的，并且服务者和消费者都是同一个人。

四是对服务设备具有较大的依赖性。自助服务形式离不开服务设备，这些设备的出现极大地提高了自助服务的质量和效率。自助服务设备可以设计出多种不同的自助服务模式，以满足不同消费者的不同需求，满足消费者对自助服务的享受体验。

因此，自助服务的出现极大地提高了城市的智能化水平，改变了人们的工作和生活方式，将传统的服务形式逐渐转化为服务产品，且具有消费替代性。从社会层面看，自助服务可以节省更多的社会劳动资源，给人们提供更为丰富的选择空间，从而使得人们的生活变得更加便捷和高效。一些服务形式借助自助服务形式所产生的经济效益反而比人工服务要高，这对服务性质产生很大的影响，也成了当前很多企业为读者改变传统服务形式的重要因素之一。其实，企业的经营管理者在管理自助服务技术上，远比想象中要难。如何利用自助服务与消费者建立良好的往来关系，是当前管理者需要进一步考虑和研讨的难题，也是自助服务所面临的一大挑战。随着网络技术的不断进步，笔者对自助服务技术中出现的消费者关系问题进行了深入研究，从中发现消费者与自助服务之间的关系存在一种现象：如果消费者在使用自助服务的过程中感受到操作的不适感，那么他就不会再继续使用该服务。因此，实行自助服务技术的前提是要让消费者接纳和支持自助服务，才能有效地建立自助服务与消费者之间的紧密联系。

二、公共图书馆自助模式的特点和意义

（一）公共图书馆自助服务模式的特点

近年来，自助服务已经被大众所熟知和应用，在银行、地铁、机场、停车场等多个公共场所中到处都有自助服务的身影，自助服务在潜移默化中已经成为人们生活和工作必不可少的一部分。国外图书馆的自助服务已经在20世纪90年代进行推广，公共图书馆的自助服务与借还服务项目备受欢迎。而我国公共图书馆的自助服务起步较晚，也没有金融机构的自助服务发展得精细。因此，公共图书馆为了更好地实施自助服务的传递，只能更加注重自助服务的使用效率，即使用互联网和信息技术，将传统的公共图书馆服务模式逐渐融入自助服务模式中，从而极大地提高了公共图书馆与读者接触的不同效果。

公共图书馆自助服务，就是以读者为中心，在一定的服务设施和服务流程下，用户根据自己的阅读兴趣、需要偏好、研究重点，自主地、灵活地、能动地完成以前由公共图书馆管理员按照意志和行为习惯来完成的书目查询、藏书借阅、资料检索、文献复印等活动。这种自助服务的服务效果与传统的由服务人员提供的服务效果是相同的，并且获得的服务信息和各种资源也是相同的。读者在公共图书馆的自助服务过程中，享受独立的服务过程，使用公共图书馆的资源完成自己想要完成的目标，获取一定的信息内容，享受着公共图书馆的共享资源。

公共图书馆自助服务模式的特点：一是具有阅读效果的一致性，自己满足

自己的需求，最终的服务效果与图书馆工作人员提供的服务效果无差别。二是服务更加高效和便利，自助服务使得服务操作过程简单易学，体现了自助服务的直观性和便捷性，突出了自助服务的优势。三是服务者和消费者为同一个人，读者在自助服务中享受着操作者和阅读者的乐趣，实现了主体与客体的同体性。四是读者以读者角色完成自我约束和控制，在满足读者自身需求的同时，自主地动手服务自己，既尊重了读者的主观能动性，也完成了读者在公共图书馆中的自我约束能力的提升。五是对公共图书馆自助服务设备的依赖性较强，自助服务设备可以为读者提供阅读服务，读者只需要在自助服务设备上进行查找和操作，不论结果如何，操作过程都是由读者自己完成的，没有他人的帮助。因此，自助服务设备必须是一套完善的系统，才能实现自助服务活动。

（二）公共图书馆自助服务模式的意义

对于公共图书馆而言，以读者为中心，坚持优良的服务理念是公共图书馆经营的核心价值观；对于读者而言，公共图书馆是汲取养分、提高自身修养的最佳公共场所，因此，二者是不可分离、相互依存的。但是，在当前的公共图书馆工作中是否真正以读者为中心、真正落实服务至上，恐怕会存在一定的质疑。因此，自助服务的出现既可以改善公共图书馆的经营环境，也能帮助公共图书馆从传统的服务观念和服务内涵中得以蜕变，让公共图书馆在烦琐和重复的服务工作中，将工作重心转移到读者身上，真正地实现读者至上的服务理念。

自助图书馆可以为读者提供个性化的服务，有助于提升服务品质和服务水平，也激发了公共图书馆工作人员的工作积极性，避免出现工作中的疏忽和怠慢。因此，自助服务也成了公共图书馆近年来的新型服务模式，广泛地运用于公共图书馆各个管理环节，为读者提供了一个自主的阅读环境以及多功能的自助服务空间，使得读者享受到各种信息，体会到公共图书馆为读者进行改良和转变的用心。更多的读者会感受到公共图书馆自助服务模式的优势，因此，自助服务将会逐渐成为读者选择公共图书馆的重要文化标识。

对读者而言，真正以读者为中心的自助服务就是读者可以根据自身的阅读兴趣和需求，不用按照图书馆管理员的要求来完成阅读等活动；通过自助服务实现网上的资料检索、借还书，还可以利用App完成书籍的续借和预约等，最大限度地获取图书馆资源，使读者可以在短时间内满足自身对公共图书馆资源的需求。另外，读者也可以对自助图书馆的服务模式进行线上评价和判断，从而起到自助服务与读者的互动和交流作用。

三、公共图书馆自助模式的优势和主要内容

（一）公共图书馆自助服务模式的优势

1. 拓展信息资源

图书馆自助服务随着信息技术的快速发展，自助服务的范围也在不断地扩大。除了公共图书馆的传统服务之外，自助服务活动也以读者为中心，实现了数字化服务模式的转变。随着公共图书馆信息内容的不断细化，自助服务的网络检索功能不仅可以让每位读者都能找到需要的书籍，还能检索出更多的共享资源，为读者提供更加丰富的阅读内容，帮助读者在最短的时间内获取到有效

的信息。同时，拓展信息资源也突破了图书馆工作人员的专业限制，通过自助服务的改革，扩大了工作人员的管理和职责范围，让他们可以更快捷地找到符合读者要求的书籍信息，并且引导读者自助完成查阅，减轻工作人员的部分工作压力。随着知识经济的蓬勃发展，各类文献的信息资源日益增多，拓展信息资源已经成为不同行业发展的核心信息要素。

在城市的发展道路上，不断地推进信息化进程，是城市产业优化的必然途径。公共图书馆在信息化进程中，为了加强自身信息的开发，必然要面临资源整合的问题。现代化的公共图书馆信息分类具有多层次性和复杂性，也是公共图书馆信息使用率较低的因素之一。因此，自助服务具有现实意义，极大地满足了读者的潜在需求，有效地拓展了信息资源的服务空间，更有利于服务读者，更能实现公共图书馆的发展目标。自助图书馆在服务读者方面发挥着重要的作用，既满足了基层图书馆的便民、多分布的需求，也成为了区域性的信息服务中心。自助图书馆应当发挥自身的优势，积极改善服务设备和条件，为读者提供各类信息服务，为建设智慧城市作出应有的贡献。

2. 人性化和智能化

自助图书馆服务模式通过科学地规范文献布局，将先进的自助管理设施引进公共图书馆的日常管理中，使自助服务的优势在公共图书馆中得以充分发挥。在公共图书馆的信息资源的整理和优化下，公共图书馆的信息资源得以最大限度的利用，从而实现其最大化的服务价值。另外，物联网的发展促进了公共图书馆人性化和智能化服务的发展，推动了智能化和人性化服务的改革。在特定条件下，自助服务设备可以与读者进行信息的交换和传递，使用智能化的识别、追踪、监管等技术，逐步与读者建立密切联系。自助图书馆是基于自助服务的技术，通过物联网的识别、定位等功能，为公共图书馆智能化提供技术支持。自助技术的发展，为公共图书馆的人性化和智能化管理提供了基础，也为快节奏的生活和工作带来快速和高效的查阅书籍的体验，让读者在借阅的自助模式中实现全面搜索自己所需要的书籍，在种类繁多的藏书中智能化地引导读者准确找到书籍的存放地。同时，读者只需要将借书证放在自助服务设备的感应区上，自助服务设备便可通过智能化的射频识别技术进行识别和扫描，再与公共图书馆的借阅系统进行有效连接，经过系统的自助操作完成书籍的借阅处理。自助服务不仅方便了读者，还对公共图书馆工作人员的工作起到极大的帮助。工作人员凭自助服务设备完成图书的借阅清单和归位等工作，减少了图书被盗事件的发生，还可以把书籍归还至最初的书架位置上，使书籍的登记记录和实际位置相符合，减少了工作人员的查找时间，也避免出现图书乱放的问题。另外，自助服务设备还可将图书的标签自动录入自助服务系统，工作人员根据电子标签显示的内容进行归位，系统也会显示出错误归置书籍等信息，帮助管理员快速查找，也相应地减少了工作人员的工作量。

3. 信息化的阅读环境

目前，自助服务模式是整个公共图书馆工作系统中的重要组成部分之一。自助图书馆处于一个信息化的环境，可以使用自助服务内容以及相应的管理组织机制和技术设备，为读者提供自助服务的阅读环境。随着计算机技术在公共图书馆中的广泛应用，越来越多的公共图书馆开始采用现代化的自助服务技术，便于读者对信息系统的操作，也可以根据读者的信息需求，将外部的信息资源和馆内的信息资源充分地整合，使运用以网络和通信为主的自助服务技术对公共图书馆的管理工作形成一体化管理，经过公共图书馆管理系统实现信息的传递、储存、应用等，进一步向读者提供实时的信息情况。读者使用自助服务模式，依据读者的阅读目标进行信息化管理，实现了读者各项业务工作的自助处理，体现了信息技术和互联网的优势，改善了传统的公共图书馆管理工作。同时，公共图书馆的书架摆放较多，书架上的图书标签由于使用时间过长，出现模糊甚至脱落的问题，如果不及时修补和更新，会出现书籍乱摆乱放的问题。通过自助服务系统，读者可以准确地找到书架位置，工作人员也可以将图书精准归位，使整个阅读环境能满足读者的心理需求。在读者的视觉和听觉以及其他感官作用下，读者会对公共图书馆产生良好的印象，在空间的需求上形成一定的积极影响。

（二）公共图书馆自助服务模式的主要内容

1. 自助借还图书服务

自助图书馆服务拥有一套自助管理系统，其中包含自助借还系统，即公共图书馆使用借还管理、流通管理软件，在安全系统的检测下，实现与其他软硬件的连接，还要建立信用体系和相关借还管理机制等，督促读者在借还活动中提高自我约束力。自助借还图书服务系统的设计难度较大，自助借还设备采用了射频识别技术，通过扫描藏书的电子标签完成图书的借还工作。自助借还设备的成本昂贵，目前只有大型的公共图书馆得以配备，其他图书馆仍然需要继续实施设备的普及工作。而这种自助服务模式，将信息技术与阅读服务相结合，为公共图书馆的未来发展奠定了基础。自助借还图书服务可以给读者提供更加自由的阅读条件，推进了我国各大图书馆以及高校图书馆教育的有效应用。在公共图书馆文化服务当中，自助借还图书服务体现了图书馆"藏、借、阅"一体化管理模式的优势，借助自助借阅设备，公共图书馆可以根据读者的自身需求自行完成借还行为活动的服务。例如，读者在进入公共图书馆后，可以在自助设备上进行搜索和查询图书的情况，再将挑选好的书籍放在自助借书设备的扫描垫子上进行自动扫描。读者阅读完自助借还图书的流程后，点击确认，再使用图书借阅卡，在设备上选择借阅该书籍，机器会进行相应的操作并打印出借书凭条。自助借还设备还增加了逾期还书的罚款增值服务功能，读者还书时需先将书放入投书口，设备会自动识别图书的电子标签，根据识别的信息内容指引读者进行相应的操作。另外，自助借还设备是24小时服务的，读者可以随时到自助设备前办理借书和还书的手续。从外观上看，自助借还设备像一个大书柜，可以装载上百册图书，可供读者快速地进行借还操作，真正实现读者不受时空限制的借阅服务。

2. 自助打印和复印服务

公共图书馆为了方便读者获取相关资料，在自助服务中增加了自助打印和复印的功能。读者可用公共图书馆的借阅卡进行自助打印和复印。读者可以先上传想要打印的文件，然后在自助打印和复印的系统中进行登录和上传，最后在自助打印和复印设备上刷卡完成打印和复印。读者在使用自助打印机和复印设备时，要注意其使用事项，公共图书馆对自助服务设备是有一定的管理要求的。公共图书馆打印机的纸张是有限的，如果读者需要大量打印，应当自带纸张，防止在打印过程中出现缺纸、卡纸等现象。在非工作日时间，读者在使用打印和复印机时更应当考虑上述问题，如遇到机器故障导致打印不成功，可及时联系设备售后服务中心，等候技术人员到达现场解决问题。

读者在熟悉打印和复印的流程之后，需要在公共图书馆的复印设备上进行身份的认证和余额的确认，才能在设备上放入复印的原件，再根据复印页面显示的内容选择自己需要的打印服务，如缩放、双倍复印等。如果输入有误，可以根据操作键盘进行更改，复印结束后，再复刷一下公共图书馆的借阅卡，完成一次现金结算。设备显示中通常会显示等候时间，打印多个文档时建议一个文档打印完成之后再刷卡打印下一个文档。另外，随着技术的发展，复印和打印自助设备也可以通过手机扫描二维码，将手机与设备进行网络连接，在微信小程序中完成复印和打印的工作。读者只需要在手机中上传图片和书籍文档，选择设备之后，点击付款就可以进行打印。整个操作流程更加快捷和方便，无须使用借阅卡。

3. 网络化的自助服务

目前，自助图书馆的运行和建立，已经成为城市一道亮丽的文化风景线，政府对自助图书馆的建造也给予了极大的重视和支持。网络化的自助服务也得到了读者的欢迎和认可，并获得了政府的高度重视，继而成为公共图书馆公共文化服务体系的热点模式。自助图书馆的建设是政府社会公益事业的组成部分之一，读者可以使用自助服务功能自主地完成借书、还书、申请阅读卡等免费服务，有利于构建城市的 24 小时图书馆运营管理平台。结合网络化的新型图书管理服务模式，为读者提供便捷和高效的自助服务，同时为城市的公共文化服务提供了多种阅读可能性。

4. 网络信息查询、咨询服务

公共图书馆自助服务的推出，为公共图书馆的信息服务提供了新的特征，同时对信息化的服务内容、服务手段提出了新的管理理念。其中，服务内容的多样化和服务手段的数字化，以及自助服务的网络化，体现了互联网时代中的网络图书馆的所有特征。公共图书馆的自助服务发展方向也是网络服务模式构建咨询服务系统、远程信息资源共享的发展趋势。自助图书馆具备信息服务的社会化功能，面向广大的读者群众，为读者加快信息的传递和网络资源的有效利用提供了很大的帮助。读者在公共图书馆中根据自助服务的流程，不仅可以搜集到本图书馆的藏书，还能搜集到更多的网络信息资源。读者可根据搜寻和查找的结果，了解藏书的位置和购买藏书的途径，从而实现多元化和主动化的自助服务。自助服务系统利用已有的数据库和藏书信息吸引了更多的读者进行查询和咨询，不仅有文字形式的书籍，还有有声读物和视频等多样化的阅读形式。自助网络信息查询和咨询服务以区域覆盖等方式，将信息进行分层和分类，对不同读者需求提供个性化的信息服务，使公共图书馆的信息内容结构进一步优化，好为读者提供更高质量的信息查询和咨询服务功能。

四、公共图书馆自助服务模式的创新策略

（一）完善自助服务模式系统功能

为了高效地推广公共图书馆自助服务模式，改善自助管理工作，公共图书馆需要对自助服务模式系统功能实现进一步的完善。对此，创新自助服务管理工作，建立完善的自助服务体系，是公共图书馆发挥自助服务工作的重要保障。很多公共图书馆的工作人员认为自助服务系统已经很完美了，但是随着信息技术的进步，自助系统不能及时改进就会很容易地被时代淘汰。因此，在公共图书馆的实际工作中，自助服务仍需要进行调整和优化。例如，当前自助服务的服务功能涉及的范围较窄，可用的服务项目较少，甚至有些自助系统不稳定，仍需要公共图书馆技术部门提供技术支持，确保自助服务系统发挥最大作用。公共图书馆的管理者应当对自助服务模式系统的功能进行深入研究和分析，进而提高工作人员的工作积极性，对自助服务进行有效创新和完善，加强对自助服务设备的投入和使用，改变自助系统服务的单一性，提高使用率，缓解工作人员的工作压力。通过自助服务模式系统来完成借还等自助服务，读者既能节省自己在公共图书馆内的搜索和处理时间，又能提高其在馆内的阅读效率。因此，公共图书馆在开展自助服务的同时，要充分考虑到读者的需求，开发自助服务的更多功能，深入分析其实施的可行性，明确公共图书馆未来的发展定位，并有计划地开展自助服务。由于自助服务尚待开发的项目较多，在具体的功能选择上，公共图书馆要结合自身的实际运营情况，针对特定的读者群体开展合适的自助服务项目，提高自助服务模式的质量和效率。从读者自身需求出发，

开发满足读者对自助服务的心理需求，为公共图书馆构建可行性和稳定性的自助服务系统，才是实施自助服务的重要前提。

（二）促进公共图书馆网络资源共享的实现

自助服务模式下的公共图书馆，最直接的使用价值就是满足读者的需求。不断拓展自助服务功能，有利于公共图书馆解决资源共享的问题，提高办馆效益。开发公共图书馆服务系统需要大量的资金投入，而资源共享在一定程度上可以缓解公共图书馆的资金压力。采用自助服务技术，公共图书馆的工作人员通过开展资源共建工作，可有效地避免部分文献信息的重复购买，避免工作失误，节省没必要的馆内开支。对于公共图书馆的藏书整理工作，网络资源共享可以实现数字化的传播，将藏书的信息上传到自助服务系统中，读者可直接通过电子网络进行阅读和浏览，无须真正拿到书籍，也减少了工作人员的整理书籍时间，降低了整理成本。同时，加强公共图书馆网络资源共享，也可有效地避免信息资源的重复建设，通过数字化的处理，读者可以搜集到全国各地的公共图书馆内的文献信息，最大限度地满足自己对文献查询的需求。各个公共图书馆通过互联网实现了资源共享，在共建共享的和谐运营下，读者可通过自助服务系统随时随地进行查询，不受时间和地点的限制，解决了公共图书馆资源有限的难题，促进了自助服务模式的发展。这一大问题得以解决，使各个公共图书馆加强了交流，具有较高的联系性和沟通性，有利于自助服务模式为读者提供更好的体验，提高读者的满意度。各个公共图书馆之间经常性的互动，充分了解对方藏书的特征以及独特的文化和思想，有利于网络文化资源的共享，确保更多的网络资源得以公平的利用，从而促进自助图书馆扩大服务范围和深度，达成节约成本等目的，大幅度地提高自助服务效率，吸引更多的读者走进自助图书馆，刺激读者的消费欲望，提升读者对自助图书馆的好感度。

（三）加强自助服务对群体用户需求的分析

现阶段，我国提倡全民阅读与学习，为此也制定了进一步的指导方针和政策，为城乡居民打造阅读和学习的重要场所，建立了许多自助图书馆，使其发挥积极的文化推广功能和作用。自助服务技术的发展为公共图书馆的服务创造了良好的条件。传统的公共图书馆资源繁杂，不易查找，不能为读者提供一个优质的阅读体验。因此，公共图书馆逐渐意识到自助服务系统的建立和使用的重要性。群体用户的需求是公共图书馆的重要关注内容，对此，公共图书馆可以开展针对目标群体用户的实践活动，对目标对象进行分析和总结。首先，根据群体用户的年龄和借阅经验进行分类，公共图书馆的读者主要是16—40岁的中青年。另外，自助服务系统需要读者具有一定的操作能力，而一些儿童和老人是无法熟练地操作自助服务系统的，因此，这两部分的群体不能成为主要的考察对象。其次，通过系统性的调研得出相应的数据：有超过80%的群体喜爱使用公共图书馆馆内的自助服务设备进行学习和查阅资料等活动，仅有一小部分群体用户还延续着传统的阅读查询习惯。由此看出，自助图书馆在投入和发展过程中拥有较多的受众群体，服务形式深受广大用户群体的欢迎。尽管投入的资金较多，但能为大多数的用户提供新的阅读体验，也证明了自助服务系统的运营价值。

（四）加强自助图书馆的宣传和文化推广

在不断加强自助图书馆的宣传和文化推广下，自助图书馆以便捷的自助服务优势，实现了公共图书馆功能的拓展和延伸。为了更好地实现自助图书馆的作用，在基础的自助设备上优化自身的功能，建立数字化的平台模式，为读者提供动态操作的体验。在满足读者的需求下，通过自助服务进行自主阅读，在潜移默化之中宣传公共图书馆的自助服务特色，以及使用的强大功能。这种无形的宣传和文化推广是建立在用户良好的体验下的，公共图书馆不仅要完善自助服务，提高服务效率，还要及时与读者进行交流。在自助服务系统中增加反馈板块，收集读者对自助服务模式的相关意见和建议，积极地响应和采纳读者的有效建议。同时，对于不同的读者群体，公共图书馆应有针对性地为其提供个性化服务，引导读者进行顺畅的自助服务体验，使其感受到自助服务与传统服务的差别，提高自助服务的使用率。采用现代化信息技术，构建自助服务的管理平台，减少馆内劳动力的使用，这就意味着自助服务对工作人员提出了更高的要求。对此，公共图书馆要加强对图书馆工作人员的培训工作，要求工作人员能够熟练地操作自助服务系统和设施，提高工作人员的理论水平和技能水平。例如，开展专门的讲座和知识咨询活动等，有利于提高工作人员的职业素养，确保自助服务模式的有效推广和宣传。通过这种培训方式，提高了公共图书馆工作人员的整体素质，他们正确地认识到自助服务模式的服务理念，了解和掌握了先进的工作流程，熟练地运用和控制自助服务模式，有助于提高工作和服务效率，也为读者操作自助服务设备提供了精准和快速的帮助。为了拓展工作人员的眼界，了解当前先进的管理经验，公共图书馆还应进一步拓展和创新更多的服务理念，获取有效经验，提高其服务质量。

第二节 社群服务模式

一、公共图书馆社群服务模式概述

当前，通过图书馆行业发展理论和业务实践研究发现，社会群体存在不同的信息需求，把图书馆专业延伸到社会群体中，也体现了公共图书馆的个性化服务特点，拓展了公共图书馆功能与发展渠道。随着近年来经济的快速发展，社会群体化愈加明显，公共图书馆的服务模式也发生了改变。根据社会群体的划分，公共图书馆增加了社群服务模式，也就是从传统模式中演变出来的 Lib 1.0 群体化服务模式、Lib 2.0 群体化服务模式、Lib 3.0 群体化服务模式等。随着社会群体服务模式的演变和发展，公共图书馆的资源模式和管理模式也发生了变化。全新的公共图书馆管理模式同样注重以读者为中心，保持服务至上的理念，使群体服务模式成为核心，其他管理模式围绕着该核心进行设计和创新，这为传统图书馆的转型提供了新的发展思路。首先，公共图书馆的群体化服务模式要向基层服务点延伸，形成数字资源的共享化、个性化服务形式。公共图书馆服务必须以城市为中心，向周边的社区和农村进行拓展，使文化信息共享工程得以完成。其次，在泛在环境的依托下，基于现实社会和未来发展的趋势，公共图书馆的服务模式提出了图书馆 Lib 1.0 的发展理念，为社群服务模式的核心

·135·

思想构建了模型,并对社群化进行考察和分析,进而产生了一定的影响力。这些服务模式的实质就是针对群体的多样化进行设计,在资源和服务等方面体现群体化的特征,针对特殊群体采取特殊的服务措施。利用公共图书馆的便民条件,拉近公共图书馆与各个群体之间的距离。随着公共图书馆城乡之间、馆际之间的均衡发展,关注民生、以人为本的服务理念应运而生。公共图书馆对社会群体的服务模式也准备得足够充分,开展的主要服务内容包括对社会团体办理优惠的借阅政策、为农村小学提供学习书籍、为高校毕业生提供文献等专题服务。再则,通过对公共图书馆群体化模式建立的研究,公共图书馆服务模式结合了对泛在图书馆的实体发展环境的考察,为图书馆的群体化发展奠定了理论基础,并为其今后的发展提供了一个方向。最后,我国政府提出加强公共文化工程建设,完善公共服务体系。公共图书馆作为公共文化基础设施和开展文化活动的重要载体,要体现社会公益性和均等性。在整个公共服务体系中,社会群体服务模式必须发挥应有的服务效率,为图书馆职能的深化和社会的发展起到推动作用,对公共文化服务体系建设起到启发性和引导性作用。

二、公共图书馆社群服务模式的理论基础、政策基础与实践分析

(一)理论基础

在信息化时代的发展趋势下,不同社会群体的用户具有不同的信息需求,也具有不同的个体因素、社会因素、自然因素。其中,个体因素包括工作职业、学历、爱好等;社会因素包括政治地位、法律法规等;自然因素包括环境资源

和地理条件等。这些用户处在不同的条件下，从而产生了不同的知识结构。公共图书馆的主要任务是服务读者，以满足不同读者的不同需求为基本工作原则，使每本藏书都发挥自身的最大作用。公共图书馆必须具有超前的服务意识，迅速识别社会群体的变化，从中得到社会群体的关注和肯定，从而把握时代发展的脉搏，促进公共图书馆的发展和进步。公共图书馆在社会中也应当承担社会功能，为满足社会群体知识需求提供帮助。由此可见，群体信息的需求具有群体性，也具有客观性，公共图书馆将社会群体化的特征加以利用，将其转化为公共图书馆的服务新模式，可以更好地为社会提供有针对性的信息服务，也能实现服务项目的均衡发展。

（二）政策基础

在我国，公共文化建设对公共图书馆的建设发展提出了更高的要求，按行政区域划分公共图书馆，包括由政府管理的图书馆，省（自治区、直辖市）、市（地、州、盟）等行政区图书馆，县、乡镇、街道图书馆等。其中省图书馆主要服务于科研人员，为地方经济发展提供文献资源和教育资源，负责组织地区性的图书馆协调合作。介于省级和县级图书馆之间的市、地、州图书馆，一般服务于科研教育以及社会大众群体。县级图书馆主要提供工业、农业生产的信息资源，为广大的城市居民和青少年承担提供服务任务。区级图书馆则为城市居民服务，主要的服务对象是各阶层的居民。因此，不同行政区域的图书馆服务的群众用户是各不相同的，服务任务和重点也不尽相同。因此，如何通过政策充分发挥各地图书馆的职能和优势，是当前文化共享建设需要考虑的主要问题。在当今社会中,掌握信息的群体往往是占据社会主动优势的,从这个角度来看,经济欠发达地区的文化信息传输不畅,影响了地方经济的发展。因此,提高地方信息的敏感度,提高信息的传播能力,是地方图书馆必须重视的问题。地方图书馆有责任和义务让更多居民走进图书馆,购买各种书籍,接收先进的信息资讯,这对地方图书馆的发展是大有裨益的。

(三) 实践分析

长久以来,社会群体化的变化和需求推动着公共图书馆事业的发展,社会群体化的发展特点也催生了新的服务模式。这一系列的变化所产生的新的管理系统,强调了以读者为中心的宗旨,也为开展社会群体服务的创新研究提供了理论基础。公共图书馆承载着提供公共文化服务的使命。在公共信息共享工程建设和农村图书馆建设中积累的实践经验表明,在特殊的社会群体中需要呈现出多样化和层次化的服务特点。对社会群体进行调查实践活动,同时对图书馆社群服务模式进行相关性的分析。从调查分析中可知,社会群体化服务在社群中具有先发优势,并且对文化服务体系建设具有较强的引导性。其中除了校园师生用户具有明显的复合群体性和多重保障性外,其他的社会群体主要分布在国家行政机关、事业单位、国有企业、民营企业等。调查显示,这些群体用户在需求信息的特征上具有明显的变化,其中70%的群体用户呈上升的趋势,这可能与信息获取的主动性有直接的关系,而这些用户重视信息需求的程度也远大于其他的用户群体。从总体上看,有60%的社会群体经过专门的培训和教育,并支付过专门的培训费用,有48%的社会群体购买过图书和杂志。这些数据表明，社会群体具有较稳定的需求态势，从客观和主观两种角度来看也有较好的信息保障条件。因此，公共图书馆开展社群服务模式存在有必要发展的实践条件，也应当受到公共图书馆特别的关注。

三、现代化公共图书馆的社群服务模式

（一）为党政机关服务

近年来，公共图书馆大力开展社群服务模式，各级图书馆纷纷面向社区和基层广大群众开展延伸服务，并形成了在理论和实践基础上结合图书馆实际情况的主动服务理念，落实延伸服务的新举措。为了满足党政机关的特殊服务需求，促进公共图书馆社群服务模式的开展，提升公共图书馆的社会公益形象和社会地位，公共图书馆需要打破传统信息资源的局限性，从客观上满足党政机关群体需要的最新社会信息。公共图书馆作为城市文化教育信息的聚集地，以及文献信息资源的发散地，珍藏的书籍和文献覆盖面广、系统性强，适合为党政机关领导决策提供信息资源。同时，公共图书馆的工作人员是一批高素质的人才，除了具有文献检索和分析、整理等技能外，还具有不同学科的专业能力，如计算机技术、外语等。这些人才可以利用自己的能力为公共图书馆提供技术支持，通过多种载体为党政机关提供有价值的信息内容，促进信息的秩序化，也提高了信息的精准性和实用性。公共图书馆提升了网络信息技术水平，提高了工作效率，并且提高了工作人员的服务质量，可以更好地为党政机关决策工作提供信息技术支持。同时，公共图书馆的工作人员以党的工作重点为中心，紧扣工作内容，快速、全面地为党政机关提供相关资料，还能围绕中央或地方

的政策提供各类热点信息,帮助党政机关发现新的情况、新的问题、新的动向等。

(二)为企业服务

目前,我国企业是国家创新经济体系的重要组成部分,也是科技体制改革的创新主体。企业想要进一步创造条件优化经济发展,需要获取创新动力和活力。如果企业的信息保障能力不足,会导致企业在科技信息、产品销售以及市场竞争中不能稳定地发展。对此,公共图书馆应该认真地帮助企业思考这些问题,在当前的经济形势下为企业提供服务模式,最大限度地满足企业的信息需求。相关调查显示,企业最迫切需要的信息是市场信息,其次是科技信息。企业更多关注的是产品销售、原材料的供应、产业发展趋势等问题,企业的技术创新人员需要使用比较全面的文献信息创建属于企业自身的信息资源。信息资源和信息服务趋于数字化和网络化,公共图书馆传播信息的媒介也不断地数字化和网络化。随着互联网技术的发展,获取信息手段的途径增多,进而实现远程获取信息,提高了信息的时效性。针对企业的需求,公共图书馆需要在一定时期内主动、连续地向企业提供文献情报服务,通过一站式信息服务模式或者远程网络服务模式等,优化网络电子资源,并有针对性地提供信息产品和服务,使企业能够建立本行业技术信息系统,从而拓宽和深化企业群体的服务模式,确保公共图书馆的服务效益和质量,并向企业提供技术支持和专业保障。

(三)为科研服务

传统图书馆需要改变服务观念,将藏书的信息资源转化为服务产品,并引入以科研项目为主的服务。全方位的信息服务可以深化科研工作的信息开发服务，不管是传统图书馆还是现代图书馆，都应当以满足用户群体需要为核心开展信息服务工作。公共图书馆在发展过程中，应当提供更高层次的信息服务，将科研的课题和项目做成大量的专题服务，并为专题服务提供中外文题录，定期提供国外的最新信息资讯和动态情况。公共图书馆应当组织工作人员编写专题索引、题录、综述等，为科研群体节约工作时间，提高科研工作效率。由于科研工作的繁忙，科研人员可能产生各种心理问题。公共图书馆应当配合科研工作对相关人员进行人生观和价值观的思想教育，并针对相关人员的精神需求，提供针对性的心理问题书籍。公共图书馆还可以为科研人员设立教材阅览室，为科研人员提供藏书副本，以便他们利用和研究。公共图书馆也可以准备大量的相关科研文献，为科研人员专设科研工具书阅览室，使科研人员进一步认识到自己从事的工作在社会事业发展中所处的重要地位及作用。同时，公共图书馆可以利用网络化管理，帮助科研人员克服各种信息困难。实现高层次的服务模式，采用网络化智能检索系统，有利于提升检索工作效率，增加查询的资源数量，使公共图书馆对科研群体的服务更加专业化。

（四）为弱势群体服务

随着社会结构快速的转型，社会群体的问题也显现出来，并引起各地公共图书馆的广泛关注。为了突出公共图书馆的历史使命和社会责任，平等对待每个人，提供优质的服务和借阅条件是公共图书馆开馆的服务宗旨。尊重每一个读者，对弱势群体进行知识援助工作，也是社会群体文化服务的重要内容。社会弱势群体需要国家和社会的关怀，也真实地存在经济困难和文化程度不高等问题，在社会中缺乏竞争力，社会地位较低，容易被边缘化，如进城务工人员、就业困难的劳动者等。公共图书馆可以向弱势群体提供创新的服务形式，除了传统的借阅服务外，还可以开展针对弱势群体的读书活动。以文化信息资源为材料，开设声频馆等服务设施，帮助更多识字量少、盲人等弱势群体，拉近他们与社会的距离，拓宽弱势群体的学习途径和视野，丰富他们的精神文化生活。

（五）Lib 1.0 群体化服务模式

在 Lib 1.0 群体化服务模式的发展阶段，网络信息化冲击着人们的生活和工作，使得我国的网民数量迅速增长。在 2021 年的调查中，我国网民的数量已经突破了 10.11 亿，互联网的普及率高达 70%。如此庞大的网民用户群体受到了公共图书馆的注意。公共图书馆采取 Lib 1.0 群体化服务模式，利用新媒体网络传播途径，为网络群体创建一个属于他们的服务模式。Lib 1.0 群体化服务模式主要通过公共图书馆的官方网站发布信息，内容中包含了与服务相关的介绍和通知，还上传了各类数据库的链接，以及增加虚拟咨询板块，为用户提供情报服务、各类检索课件和文献等。公共图书馆的藏书信息可以使用网络检索系统制作目录，这些服务可以为网民提供便利的查询功能，使公共图书馆成为信息的发布者，而网民成为信息的接收者。但是在 Lib 1.0 群体化服务中缺少与网友的互动，很少会针对网友的问题进行回答。Lib 1.0 是一个单方面的服务模式。Lib 1.0 的很多技术和理念不能及时采用，进而产生了 Lib 2.0 群体化服务模式。此外，Lib 1.0 群体化服务模式构建了全国文化信息资源共享工程，在群体化服务模式中取得了较为显著的效果。共享工程是政府文化部门和财政部门在全国范围联合组织实施的文化信息资源共享工程。该工程的实施标志着公共图书馆推行网络群体化服务模式。在基层群众中，共享工程是基层群众获取优质资源的有效途径，群众是工程资源建设服务的首要对象。因此，公共图书馆需要精心设计，把藏书资源合理分类，对于政务法规、实用技术、文化艺术等方面的信息要向基层群众开放。同时，将生活中的文化艺术、影视曲艺等知识信息和医疗卫生、百科知识等信息进行整合，利用数字化技术定位大众的偏好，把资源转化为视频、动画、图片等多样化形式，突出地方文化特色，吸引更多群体的目光。另外，文化共享工程不光针对城镇用户，更多的是面向基层、社区和农村。文化共享也是由政府主导，以公共图书馆为媒介实施的新型社群服务模式，在理论上仍属于 Lib 1.0 群体化服务模式的范畴，但它把资源组织放在核心位置，强调的是整合数字资源，呈现的群众服务形式更多是靠群众对资源的自发浏览和使用，服务体验较为单一，未能突出用户群一体化的特征。

（六）Lib 2.0 群体化服务模式

根据现代读者获取信息的欲望和需求，公共图书馆的服务也发展为 Lib 2.0 群体化服务模式。当用户群体的习惯不受时间和地点限制时，他们就能获取任何文献的服务形式，产生的实时服务也成为必然发展趋势。公共图书馆作为文化的阵地，要满足用户群体的需求，必将面临新的改革和创新。计算机信息技术提出了 Web 2.0，为公共图书馆的社群服务创造了新模式。怎样给读者提供他们感兴趣的图书信息，成为公共图书馆发展过程中的一个新问题。在这个问题上，公共图书馆又提出了 Lib 2.0 群体化服务模式概念，与 Web 2.0 相呼应。

公共图书馆在实现数字化的发展过程中，开发出全文检索、跨库检索、文献传递等一系列常规服务新形式，这些服务提高了公共图书馆的藏书的检索和获取效率。但是这些服务也导致公共图书馆成为一个信息孤岛，不能与众多网络资源产生内在联系。因此，用户在浏览公共图书馆官方网站时，必然会存在咨询的需求。例如，用户在阅读完一本图书后，会产生一些意见，并希望转告给其他用户。因此，Web 2.0 和 Lib 2.0 群体化服务模式开拓了公共图书馆信息资源，延伸了公共图书馆信息服务功能，真正地实现了与用户的及时互动，为用户实时提供文献。Lib 2.0 群体化服务模式通常采用的服务技术和浏览插件，并不能全部应用于群体化服务模式，而公共图书馆群体化服务模式大多采用的是 Web 2.0 技术的 QQ、微博、微信等。各大高校的图书馆拥有雄厚的资金和人力资源，在群体化服务模式的发展下，已经超越其他图书馆的 Lib 2.0 群体化服务模式阶段，在逐渐向 Lib 3.0 群体化服务模式迈进。当服务群体对象简化为只有师生两种类型时，那么借阅服务模式中的借阅册数和时间期限等条件就会受到制约，群体化类型就不明显了。因此，在高校中，群体划分可以按照兴趣和学科分类，而公共图书馆的资源和人才等方面都与高校图书馆存在较为明显的差异，只有条件较好的图书馆中才会配置较高的技术设备。因此，群体化服务模式的采用也与图书馆的综合技术能力有直接关系。这些服务模式只有基于高科技的智能平台，才会发挥出更大的作用。因此，基于 Lib 2.0 群体化服务模式的公共图书馆，应当实现个性化的信息服务，以群体用户的图书馆活动参与性或信息资源共建等特点为主，改革 Lib 2.0 群体化服务模式，将大量的信息源聚合在一起，使用户无须访问网站也能获得相应的推送信息，从而满足群体用户的切实需要，方便查询相关学科的专业学术资源，使资源的组织变得更加简单、更加人性化、更加以群体用户为中心。

（七）Lib 3.0 群体化服务模式

随着 Lib 2.0 群体化服务模式的发展和改革，公共图书馆将 Lib 3.0 群体化服务模式引入图书馆社会群体化服务模式当中，增加虚拟参考咨询的服务，引导群体用户自主进行搜索，改良信息的内容，创新公共图书馆咨询服务的环境。Lib 3.0 群体化服务模式有利于在非工作日提升用户的满意度。用户可以通过网络与公共图书馆官方客服进行在线交流，解决咨询服务的问题。工作人员可以帮助用户使用手机、电脑等电子设备终端，进入移动图书馆，实现咨询服务的移动化。在物联网技术下信息资源急速膨胀的时代，用户获取信息的渠道也变得更加多元化。微信、微博等社交软件具有较高的普及度，用户可以使用各大平台网站获取某些专业的知识资源，使参考资源的服务延伸到公共图书馆机构以外。Lib 3.0 群体化服务模式可以改变当前的形势，着手将服务职能体现在信息参与和服务质量上。公共图书馆应当更为系统、专业、主动地为用户提供咨询服务，创建一套完整的信息资源共享多功能平台。公共图书馆在此平台中可以改良用户的信息素养，利用计算机和检索技术将信息掌控在平均水平之上，当作信息素养的参考标准。另外，Lib 3.0 群体化服务模式需要具备三个条件，分别为创新发展的环境、发展的方向、发展的动力。这三个条件在人们的日常生活中已经有了质的变化，而在互联网环境下的咨询服务却有显著的时代特征。

软件和硬件的频繁更新，可以高效地解决用户的咨询问题。事实上，虚拟参考咨询服务与服务手段和计算技术的发展有着密不可分的联系。用户在面对新兴网络传播手段时，会有一定的不适应性，而 Lib 3.0 群体化服务模式能够从技术的革新过程中给予用户一定的智力支撑。同时，公共图书馆服务产品应当及时进行创新和优化，使服务技术为虚拟参考咨询服务提供技术基础，结合友好的操作界面，突出 Lib 3.0 群体化服务模式的以用户为中心的特征，创新服务形式，从而努力拓展社会群体服务模式，提升用户体验的直接感受，加强用户的依赖性，提升市场竞争力。Lib 3.0 群体化服务模式使用微信、微博等多媒体形式进行宣传和推广，结合原有的服务模式，对虚拟参考咨询服务进行双重创新，进而让公共图书馆的咨询服务与人员管理实现实时的信息交流和沟通，促进信息服务建设，推动公共图书馆事业的进步。

第三节 城市书房服务模式

城市书房以"文化+科技"的全新图书馆运营方式，吸引了众多阅读爱好者的目光。对于拥有快节奏生活方式的城市居民来说，拥挤和喧闹的城市中有一间属于城市的书房，是一种对美好生活的向往。城市书房又称为"家门口的图书馆"，为工作忙碌的都市人提供了一个获取信息资源的基地，并实行24小时运营制度，随时欢迎读者的到来。城市书房改变了传统图书馆的服务形式，将公共图书馆的内容与现代科技进行融合，采用数字化和智能化的技术，打造了一个多功能的有声阅读体验环境，让读者在城市书房中收获声频科技带来的文化享受，也为新型的阅读空间增加了更多的场景和特色。除了与公共图书馆相同的书架和阅读区域外，城市书房还增加了有声名片、智慧技术项目等，为不同层次的读者提供贴心的服务内容，丰富阅读形式，还给读者带来全新的信息共享平台。在新经济形势下，公共图书馆与网络文化中心项目强强联合，将城市书房打造成先进的服务产品。城市书房服务不仅免费对外开放，还符合城市居民不同时间段的阅读需求，改善了大众的精神文化消费现状，提升了城市的品质。城市书房服务模式也是公共图书馆的有机体之一，在城市书房中有亲子绘本、阅读沙龙等阅读分享活动，人们可以积极地参与其中。城市书房利用阅读建立情感，拓展和延伸成为其主体服务，其创设的信息交流与文化互动项目，受到广大城市居民的追捧和喜爱。另外，城市书房服务也有线上服务，为了给居民提供24小时服务，构建了免费阅读服务平台，居民通过手机或者其他电子设备终端就能使用。在平台中，读者可以读书、查阅资料、看视频、听讲座等，还有适合儿童的绘本故事和学习资料。

一、城市书房服务模式的功能

（一）阅览服务功能

城市书房服务模式依托于公共图书馆的管理，采用智能化网络技术和ReID（行人重识别）技术，通过无人值班的服务形式，实现一体化的开放性服务功能。公共图书馆的建设体现了开放和包容的理念，并以就近阅读服务为原则，为居民提供数字资源与纸质化图书相结合的阅读新体验。城市书房为居民提供了多媒体电子阅览和纸质书籍阅览两种阅读方式，改变了过去的公共图书馆独立藏书的服务形式，居民可以根据个人的喜好，选择电子型文献或者书籍。其中，利用城市书房的自助运营模式，居民可以自助开通读者证，使用身份证等有效证件就可刷卡进入城市书房，通过手机终端的微信公众号也可以进入城市书房。同时，居民在城市书房中也可以享受到借阅服务，在城市书房的微信公众号中登录账号后就能借书。城市书房作为推动全民阅读的全新载体，切实将公共图书馆的阅览服务功能进行了现代化的延伸和有益的补充，让公共阅读变成一件居民日常生活中最平常的事情，体现了公共文化服务的发展，也着眼于打造更加智慧化、更加专业的公共文化资源发源地，有利于倡导居民接受全新的阅读环境，提高公共图书馆藏书的利用率。

（二）沟通交流功能

近年来，政府提倡全民阅读，城市书房的服务模式随即出现在大众视野当中。城市书房作为公共文化服务的新形态，推动城市居民人文情怀的升华，提高了居民的精神文明水平。城市书房作为新兴的阅读空间，旨在发扬居民文化情怀，这符合居民生活的本意，也推动了公共图书馆的运营发展。居民作为城市书房的主体，应当精心地筛选书目。考虑到居民大多是普通市民，选择城市书房的书目时应当避免高层次和晦涩难读的藏书，但也不能降低阅读品质。城市书房通过精心的设计留住了读者的脚步，在凸显情怀的同时，应以温度温暖人心。为此，城市书房作为城市的安静一隅，选择的地点最好临近商圈、地铁口等重点区域，与周边设施共同形成一个完备的服务体系。城市书房实现的是无人值班，但也需要人与书、人与人的交流，因此，城市书房可通过微信公众号建立群聊等网络社群，让居民通过阅读认识更多的朋友，在潜移默化中探寻新知、提升能力。

（三）社会教育功能

城市书房，顾名思义就是开放性的图书馆，书房中可供阅览的图书包括历史等各方面，不仅适合青少年阅读和学习，还可以给成年人提供多方面知识的滋养。城市书房为学习和教育提供了便利条件，书房中的自助借阅设备提供借阅服务，使读者可以定期更换书籍。城市书房通过多元化的服务来留住读者的脚步，提升文化的传播能力，将教育主题从图书馆延伸到馆外，使社会教育如影随形。因此，城市书房又是广泛进行文化教育、普及科学文化知识的场所，发挥社会教育的职能。城市书房积极发挥自身的作用和职能，激发读者主动获取知识进行自我能力的提升，帮助读者将学习贯穿于生活之中，陶冶人们的情操，寓教于乐。在城市书房中定期举办读书会和故事会等活动，开展文化共享工程的教育宣传，为广大居民提供文化信息阅读和现代化科学技术知识学习等服务，坚持定期开展专题教育活动，不断提升居民的整体文化素养。把公共图书馆的特色阅读服务放在城市书房中，能够让文化走进群众，通过便利的阅读文化服务使群众获取更多的知识和技能，以此推动社会进步，提高社会经济效益。

（四）城市名片功能

城市书房服务模式以"阅读以致远、书香以修身"为服务理念，打造了极具文化特色的城市名片。城市书房以创新的服务手段和方式,利用新兴媒体服务,拉近了公共图书馆与城市居民的距离,大力开展阅读推广活动,提供免费公益服务。启动城市书房建设,设置公共阅览室,有助于共享文化工程建设成果,让城市书房成为流动的藏书库,使每个城市的书房中都藏有生活、文学、历史、科技等领域的书籍,同时,配合少儿阅读系统和电子借阅设备,通过自助服务的形式,能够满足人们多样化的阅读需求。由于城市经济、文化建设情况不同,城市书房的建设要重点突出地方传统文化的展示,从而打造城市名片,为居民创造出符合他们生活环境和心理期待的阅读场所。

二、城市书房服务模式的特点

(一)程序公共化

城市书房是公共文化服务体制改革的重要表现形式,是推动公共文化服务高质量发展的有效服务模式。在政府的保障下,落实城市书房建设,推动地方制定标准,确保城市书房服务模式的可持续性,建立健全公共文化标准体系,发挥公共图书馆的引导作用,深入推进服务程序的公共化。迄今为止,各个城市的书房建设都是以读者参与建设为中心,各地政府通过与公共图书馆等相关部门合作,利用电话、网络、实地走访等调查途径,征求广大社会群众的意见。城市书房必须以读者意愿为核心,确保城市书房符合读者的要求,真正满足城市公共阅读的需求。城市书房在本质上,就是实现公共资源的均衡分配,将全民阅读普及到每个人。这就需要城市书房在信息资源分配中履行服务程序公共化之责，让读者参与建设也是为了让读者能够在城市书房中享受到真正的惠民政策，推动全民阅读进程，使公共阅读实现转型升级，提高城市书房的影响力。同时，通过融合发展和跨界服务将公共图书馆完整的服务链系统融入城市书房之中，并通过文创活动，提供多种产品和服务，提高城市书房的吸引力。

（二）主体多元化

城市书房通过不断的探索和改进，使用智能化技术，服务广大的阅读爱好者。在城市书房中，以就近原则打造公共阅读空间，为读者提供了极大的便利条件。对于读者来说，走进城市书房是一种全新的体验，他们对城市书房中的环境设计和书籍目录都有很强的好奇心。城市书房的建设工作由公共图书馆以及各个新华书店共同主导，融合了社会其他力量，实现了最大化的主体多元化。城市书房在公共阅读资源中保持可持续性的更新，并由政府牵头提供场地和业务指导。例如，宁波市的城市书房每天24小时免费向读者开放，得到宁波市建设集团股份有限公司的资金支持，由宁波国际金融服务中心免费提供阅读场地，以及配套的服务设备和电力支持。宁波的城市书房——筑香书馆的地点就在宁波市高端金融产业聚集区，良好的办公生态环境对企业来说具有一定的吸引力。新华书店掌握了大量的信息资源和全新的公共阅读书籍，将这些资源投入城市书房的建设当中，不仅解决了公共图书馆的资源短缺问题，还扩大了公共图书馆的社会影响力，提高了社会效益。城市书房服务主体多元化，吸引企业参与，既能降低政府的投资成本，还能提高城市书房的服务质量。因此，从经济意义上来说，城市书房的出现对公共文化服务与商业营销的联结起到了重要作用，有效地提高了地方金融服务文化品位，加强了公共服务职能；同时，为产业区的工作人员提供了一个休闲阅读的最佳场所，增强了员工对企业的归属感。

（三）范围基层化

如今，城市书房的建设让公共文化服务延伸到了基层。在人口密集、交通便利的地点建设城市书房，充分考虑到基层环境场所与阅读服务范围的协调关系，把公共阅读空间建在居民身边，方便居民阅读。在基层政府的大力倡导下，推广城市书房的服务模式，将城市书房建设成为热门的打卡地点，充分融合各项创新举措。同时，立足于城市的开发区域与老城区域的公共文化的均衡发展，通过建设多个城市书房，落实浸润书香的文化活动。结合新华书店、公共图书馆等多家文化机构的作用，合理布局城市书房建设地点，继而形成一个公共文化联动网络。

政府应当统筹协调各个公共文化服务的建设环节，避免城市书房受到其他因素的干扰，充分调动城市基层的热情和活力，让当地的公共文化传播和阅读服务得以最大化地呈现。例如，山东省在经过调研后制定了"公园＋城市书房"的服务模式，盘活了城市的各个社会资源，打造了一个个性化的阅读环境，从而对现有的公共文化场地进行升华，切实将资源分配到基层，更好地保障顶层设计的精准性和合理性。因此，城市书房的建设难点不是打造全民阅读的氛围，而是在社区基层。城市书房的服务效能只有体现在城市居民的交口称赞中，才能成功地突破难点，从而推动城市文化服务体系的发展，特别是推动基层图书馆服务向高质量方向发展。

（四）定位人性化

温州市是最早出现城市书房的城市，该城市书房也是首家实现24小时营业的自助图书馆，馆内的设施布置整洁，具有浓厚的人文气息。城市书房内安装了自助办证设备、自助借阅设备、电子阅览设备等，深受周围居民的欢迎。同时，城市书房内收藏了数万册的图书，是周围居民最佳的阅读场所。政府看到了城市书房发展的前景，开始注重城市书房的推广和宣传工作，并且将城市书房列为市政府重要建设项目。对此，城市书房服务模式通过科学布局、精心选址，构建出优雅和舒适的阅读环境，凸显出城市书房服务的人性化特点。24小时不打烊、自动化设备等一体化服务，更突出了城市书房的人性化特征。读者不需要在一定的时间和一定的范围内才能进行阅读，从读者的角度来看，读者也要行使自由阅读的权利；从城市书房的角度来看，读者与书房之间建立相互尊重的关系，并且建立一个较为亲切、平等的服务关系，才会让读者对城市书房服务模式产生依赖性。城市书房这个新兴的公共图书馆个性化服务模式，不仅仅是一个时髦的潮流现象，而且要融入读者的生活中。具体的人性化服务要求城市书房要发挥出自身的主观能动性，挖掘城市书房的潜力，时刻以读者为中心，让读者不受拘束地、自由地进入城市书房，获取自己所需要的资料。对此，城市书房还需要考虑读者的个性化需求，随着客观信息环境的发展，为读者建造一个精神家园，更加理解读者、帮助读者，保护读者的隐私和信息安全。

（五）维护专业化

城市书房的内部环境设计和基础设施的配备，要始终坚持专业化的高标准。

在制定城市书房建设规范时，政府邀请公安、住建、消防等部门的专家进行规划和设计，并经论证后确定城市书房的基本内容和总体要求。城市书房采用的是现代化技术手段管理，每个城市书房都配有自助办证机、自助借还机、网络高清摄像头、安全门禁系统等。所有的系统和设备都具有国家的生产合格证书，保证了设备的安全性。城市书房统一使用定制字样作为公共招牌，并设有专门的标识，收藏的书籍包括了各行各业的经典作品、生活用书和畅销小说等。例如，山东威海市的城市书房中设立了"信用＋文化时间银行"文化志愿服务系统，读者从中可以浏览到相关的文旅产品，使用自己的信用积分可以免费兑换文旅产品。为了能让城市书房实现全年无休，全天24小时免费开放，城市书房打破了常规的公共图书馆的服务限制，为管理服务建立了创新的规则制度。建立城市书房的第一步，就是根据地方的相关政策和法规制定包括书房服务资源、服务供给、服务管理、社会监督等一系列内容的规定，从而让城市书房的运营更加有章可循，更加专业化。

三、城市书房服务模式面对的现实问题

（一）缺乏独立和长远的战略机制

城市书房是延伸到公共图书馆之外的阅读服务空间的新形态，在技术方面，城市书房有较为完备的技术支撑和基础设施。但是，迄今为止，各地的城市书房建设却没有被列为重要的单独项目，也缺乏相关的资源建设、活动筹备等针对性政策，一直停留在城市公共文化建设的计划层面，缺乏独立和长远的战略规划。从这几年城市书房的发展上看，城市书房已经成为全民阅读的重要组成

部分，每个城市的城市书房都被定义为公共文化服务体系的最新阵地。从长远的社会发展和文化传播来看，城市书房迫切地需要一个长足的发展机制加以扶持。随着城市书房的服务重点由线下转到线上，城市书房的服务形式和内容也在发生着改变，在这段特殊的时期，更需要城市书房具有稳定的规划目标，才能满足不同时期不同读者的不同需求，确保能为读者提供具有针对性的服务，提高读者对城市书房的满意度。

（二）经济成本较高

城市书房既是文献的资源中心，也是人群高度密集的公共场所。城市书房的投资主体是公共图书馆和社会机构，在建设中坚持以投资主体管理为原则，使投资和管理不存在矛盾。但是，政府如果成为城市书房的投资主体，图书调配和设备维护等多方面的管理工作强度就有所提高，构建的框架也就越庞大，需要在运作资金中提高投资成本。倘若采用单一的管理委托模式，就会导致城市书房的维护和管理产生较强的制约性。但如果将城市书房的管理交给各个公共图书馆管辖，则会加大公共图书馆工作人员的工作强度，不能及时履行管理职责。随着传统图书馆的改革，图书和信息资源不断扩充，自助图书馆的容量也接近饱和，无法长期满足城市书房对图书储存的调配需求，会出现物流仓储的风险隐患。因此，政府在投资城市书房的同时，需要考虑如何保证通借通还、与当地财政资产的管理如何进行协调等问题。

（三）使用效果不明显

城市书房在建设和使用初期，迅速得到了居民的好评和喜爱，开放之后的城市书房的使用效果明显,但是经过长久使用,不少城市书房的读者数量却逐渐下降。为了促进城市书房的建设,给广大居民提供优质的阅读环境及服务,扬州市对城市书房的使用情况进行了社会调查。本次调查的基本情况是:调查人数92人次,其中男性占53%,女性占47%,年龄层次为18至59岁的占95%;学历情况,高中以下的占7.6%,大专以上的占92.3%;职业情况,在机关事业单位工作的人员占57%,企业以及服务业人员占28%,自由职业者为7%,学生则占7%。关于城市书房的了解渠道,通过电视和网络知晓的人群占64%,通过图书和报刊知晓的占35%,通过朋友宣传知晓的占26%,通过社区活动宣传知晓的占10%,通过其他渠道知晓的占7%。参与调查的使用城市书房的群众中,有84%的居民去过城市书房,其中,从使用次数来看,平均一个居民一个月会去城市书房1~3次的占40%,3~15次的占14%,15次以上的占5%。从逗留时间上看,逗留时间一般在30分钟到1小时的占40%,30分钟以下的占25%,3小时以上的占5%。调查结果显示,大部分居民认为城市书房内的图书数量以及种类较少,可读性并不高,导致他们的阅读需求得不到满足。在提高城市书房的使用率方面,66%的居民认为应当加强城市书房与校园图书馆的图书资源互通;58%的居民认为应当加强城市书房的宣传力度,通过微博、微信等新媒体渠道向更多的人进行推荐;56%的居民认为应当增加城市书房的数字化阅读平台建设,定期举办读书会等主题性活动,活跃城市书房的气氛,调动居民的参与性。

（四）线上线下的服务融合度不高

城市书房免费为阅读者提供各类书籍，利用公共图书馆的优质资源，引导读者更好地体验新型的阅读空间。城市书房为居民提供了基本阅读服务，但相对于公共图书馆，很多服务设施并不是很完善。公共图书馆也开通了讲座、读书会等线上服务，但始终没有专属于城市书房的线上平台，这就导致个别城市书房在一段时间之后逐渐地淡出人们的视野，服务效益低下，使得居民与城市书房产生了距离，从而影响了城市书房后期相关服务的开展。

（五）缺乏评价标准

由于城市书房无人值守，导致个别读者不遵守公共阅读秩序，随意丢弃杂物、卫生情况堪忧等问题频出，导致城市书房的问题不能及时解决，总体人流量下降，不能在一定程度上发挥城市书房的使用价值。仅仅通过人流量和图书借阅数量来评价城市书房，是不准确的。因此，城市书房的使用高峰和图书借还的密集时期往往是开放初期，开放几个月以后就会出现各种各样的问题。长此以往，城市书房在使用一段时间后，难以利用真实的数据来证明其使用情况，反而使城市书房的投入流于形式化，不能使读者满意。城市书房的服务缺乏监督机制，从而影响了城市书房的持续发展，这对城市书房的服务效能提出了严峻的考验。

四、城市书房服务模式发展的创新路径

（一）优化顶层设计，抓好地方特色统筹规划

目前，我国公共文化建设处于结构转型的关键期，图书馆服务无疑也被卷入这场转型的创新热潮之中。公共图书馆需要制定并分解战略规划，城市书房也需要制定其规划。有效地落实规划才能使城市书房的服务模式不断地完善和创新。在城市书房的管理上，要与时俱进，只有用先进的科学技术和优秀的管理理念，才能以理想的服务来实现和推进城市书房的快速成长。城市书房的发展也是公共文化服务发展的必然趋势，符合当今社会的发展情况。根据各个城市居民的实际情况和需求，城市书房的发展规划和实施方案以及行动路径能得到政府和居民的支持。同时，城市书房在建设的过程中必须考虑到一系列的风险因素，如重大的公共危机事件等。这就需要政府和相关社会机构制定明确的发展规划，从而保证城市书房建设能够顺利和有序地完成。在各级政府与社会机构的联合协作下，城市书房显得更具有文化性和地域性。城市书房特有的资源数据库，不仅揭示了公共阅读服务体系的基本情况，还为城市的基层、偏远地区提供了可靠的战略规划，明确了宏观背景下的管理机制，使得城市书房有更多服务的可能性。

（二）完善城市书房服务体系，成为高质量发展的载体

在新形势下，政府为了更好地推动公共文化服务建设，按照相关规定建设规模适当、布局科学的城市书房，旨在为读者创造一个融合图书阅读、文化沙龙等服务的阅读环境。城市书房以小巧精美的艺术空间，成为公共文化服务的

高质量载体。城市书房需要进一步加强和完善自身的服务体系，不断保障居民的基本文化权益。作为公共服务文化体系示范的城市书房，要以满足居民文化需求为前提，因此，城市书房需要对民众进行大量的社会调研。在如何提高服务效益、提高使用率等问题中反映出城市书房存在的问题，着眼于居民的精神文化生活，启动更为完善的城市书房服务体系建设。首先，建立政府和社会力量双赢的管理机制，调动人民群众的积极性，在城市书房的建设和普及的过程中，以资助实体书店等形式来固定原有的经营基础，从而提高城市书房的服务性能。其次，制定相应的激励政策，通过税收优惠政策鼓励更多的企业参与到城市书房的建设和维护当中。最后，在公益原则的基础上，设立自动售货机和饮水吧，通过招租等形式降低服务成本，提高服务质量。通过城市房屋的建设优化公共阅读布局，激活公共阅读的活力，提升文化补给。在公共阅读服务体系中，实现多元化模式，如调动周边的公共阅读资源，升级互联网，实现线上线下的融合。因此，通过多机构合作整合资源共同打造一个城市书房的文化传播网络，实现城市书房的常态运营，逐步提升读者对城市书房的关注度，从而使读者真正享受到文化服务。

（三）完善城市书房服务的考核评价机制

根据全民阅读推广的需要，城市书房为城市居民提供了家门口的公共阅读空间。城市书房建设启用期间，彰显了城市文化的品质生活，但也遇到了一些问题。因此，建立长效的动态考核和评价机制，可以获得读者对服务体系更真实的反馈。例如，由政府和公共图书馆等机构组织联合调研，对城市书房的使用群众进行长期跟踪服务，对读者的满意度变化进行记录。在服务细化和量化等方面，从读者中收集有效的建议，加强评价的准确性和有效性，建立考核评价机制，对城市书房的服务体系进行干预，一方面可以及时解决隐藏的问题，另一方面对于问题的严重程度进行分析，适当地对城市书房进行整改和资源的整合。总结更多的有效经验，完善城市书房的推广，鼓励和正确引导读者自主地参与到城市书房的评价当中，自下而上地强化城市书房的考核评价机制，制定奖惩措施，在社会团体中选择主要的负责人进行监督和管理，落实城市书房的考核评价机制，有利于推动城市书房的发展。

（四）加强城市书房品牌建设，提升城市品位

城市书房的设立和开放，是提升城市品位和档次的有效手段。城市书房是传播城市文明和特色文化的城市名片，也体现了一座城市行稳致远的才情和涵养。城市书房这类公益性阅读场所让居民有了阅读的好去处，提高了居民的阅读意识，提升了居民自身的气质涵养，启迪了心智。在潜移默化当中，居民感受到了城市深厚的历史底蕴，受到城市文化的熏陶和润泽。建设城市书房，打造城市品牌，也是增强一个城市的核心竞争力和文化发展的方向。以城市书房为文化传播平台，丰富品牌的建设类型，实现多元化的文化发展，用图书做文章，以居民为突破口，解读和普及最热门的话题。从广度上将电子阅读资源、视频、文创产品等形式纳入公共阅读范围，结合城市的文化产业建设，做大做强城市书房的品牌效益。根据城市自身的文化特色和鲜明的个性，由政府组织，吸收各界的社会机构参与，将城市的历史文化、民俗风情以主题元素等形式融入城

市书房之中，打造特色的以城市为主题的书房品牌，顺应时代的经济发展趋势，在全国范围内提高城市书房的影响力，提升文化传播的效能。

第四节 针对不同群体的特色服务模式

一、儿童阅读服务模式

在全民阅读的浪潮中，儿童阅读的推广是提高国民整体素质的基本表现形式。儿童阅读服务模式的建立借鉴了国外的阅读服务模式，将各地图书馆与国家图书馆联合起来，分析当前我国儿童阅读的现状和存在的问题，制定我国儿童阅读服务的推广纲要，并以儿童服务为中心，督促和指导儿童进行合理的阅读，推广儿童阅读项目，并与学校、家庭进行联动，有利于提高儿童阅读的积极效果。

（一）儿童阅读服务思路

儿童阅读的图书是什么，怎样提高儿童阅读的能力，如何培养儿童的阅读习惯？这是目前中国图书馆学会专家、教育专家、儿童文学作家、相关研究者共同探讨的问题。从我国公共图书馆开展的儿童活动研究中得出，儿童阅读状况、阅读频次与阅读量情况是影响儿童阅读的主要因素。随着新时代社会资源的多元化和思想的碰撞融合，新时代的公共图书馆应当为儿童阅读服务指明发展方向。公共图书馆作为文化传播的平台，是滋养国民心灵、培养国家民族文化自信的主要场所。儿童阅读服务已经是公共图书馆阅读推广工作的重要内容，着力于强化儿童阅读特色服务，并对网站资源进行优化和整合，有助于培养儿童的阅读兴趣，让他们受益终身。

（二）"历史教室"的创新构思

公共图书馆为我国儿童开设了"历史教室"，与当地的博物馆合作共建儿童图书阅览室。历史教室的建设初衷是将公共文化和历史知识科普给儿童，提高儿童的历史科普率，营造出浓郁的文化环境，提高儿童的民族认同感和凝聚力。历史教室的地点和内部设计，都是根据5~6岁儿童的偏好和认知决定的。历史教室的开展，是儿童图书馆的历史知识教育服务的新模式，也为儿童打造出了一个学习中国文化的机会，让小读者在历史教室中学习历史、感受历史、阅读历史，传承祖国的传统文化。历史教室作为儿童阅读推广的体验区，硬件、软件基础设置一应俱全，让小读者在历史的知识海洋中建立中华文明的脉络，体验别有洞天的文化环境。展示区中可以摆放各种各样的历史文物模型，书架上收藏的书籍内容包含了历史知识类、文物知识类、传统文化类等等。历史教室针对儿童心智的特点，在授课方式上采用了趣味性较强的形式，以中国历史为主，化繁为简，深入浅出。通过互动活动，小读者可以学习到妙趣横生的历史典故中蕴含的道理，将有趣的知识点牢牢地记在脑海中。家长可以根据孩子回家的反馈信息填写课后家庭问卷，对历史教室进行多方面的评价，为探索新服务形式的儿童图书馆提出宝贵的建议。因此，历史教室已经成为儿童图书馆的服务特色之一。

（三）儿童阅读服务形式的创新

儿童阅读服务的形式多种多样，除了讲故事、听书会等活动，还有创新亲子活动、故事表演等独特新颖的服务形式。儿童图书馆利用有趣的活动吸引孩子的目光，以适当的奖励方式，鼓励孩子去完成阅读项目。公共图书馆将藏书按照书籍类型，根据难易程度设置分级，并制作分级阅读卡。小读者会根据自身的喜好选择性地来阅读，并在书籍中收集分级阅读卡，等达到一定的等级就可以获得相应的礼品。这种游戏式的阅读服务，可以激发儿童的阅读兴趣，提高其知识文化水平。此外，公共图书馆的借阅服务也能为小读者提供个性化的学习服务，如小读者可以学会如何操作自助借还设备，既能锻炼动手能力，还能增加自助服务的意识。与此同时，公共图书馆可以定期开展特色活动，如红色主题活动、纪念类主题活动等。另外，公共图书馆也可以根据小读者的认知水平，为其提供不同的书籍和报刊，在阅读后引导小读者记录读后感，举办征文竞赛活动、演讲活动等。同时，公共图书馆还应当建立好儿童专项网络平台，以小读者的需求为核心导向，对网络信息进行深入开发和利用。公共图书馆通过儿童阅读服务，在馆内布置多个儿童阅览室，营造温馨和安静的阅读环境，帮助儿童建立良好的阅读习惯，促使儿童健康成长。

二、老年人群体服务模式

随着人们生活质量的提升，人们对精神文化生活的需求也更加迫切。从公共图书馆服务模式的发展来说，老年人群体在社会群体中的阅读习惯普遍较差。公共图书馆可以利用老年人群体服务模式改变老年人的阅读意识，增加老年人阅读机会，切实提高老年人的精神生活品质。老年人对于知识、教育、阅读等没有年轻人重视程度高，并且很多公共场所对年轻人更为关注，常常忽略了老年人的需求。因此，公共图书馆老年人群体服务模式的出现，改变了老年人的阅读现状，使社会庞大的老龄群体能实现终身学习的美好愿景。公共图书馆利用现有的资源，为老年人提供既丰富又具有文化底蕴的服务，让老年人真正地体验到老有所教、老有所学、老有所乐的理想生活。

第一，老年人选择的读物具有其独特的特点，老年人退休之后的休闲时间比较多，需要找到一个机遇重新开始学习。对此，很多老年人会报名老年大学来丰富生活，也有些老年人致力于专业研究，渴望再次创造辉煌。因此，公共图书馆为老年人提供的书籍可以包含金融投资、经济管理等领域的知识。同时，老年人的普遍追求是益寿延年、身体健康。针对老年人的书籍可以是医疗、保健、预防疾病方面的书籍。此外，一些老年人关注世界局势变化，喜欢军事类的书籍，并且保留了读报纸的习惯。公共图书馆可以提供期刊和报纸，帮助老年人时刻关注政策、法律的变化，国家经济发展情况以及世界环境的变化。

第二，一些老年人涉猎的知识范围比较广泛，他们喜欢借阅的书籍大都是放置在阅览室，并定期进行更换的。公共图书馆需要改善服务布局，优化老年群体阅读服务的结构，为老年人打开阅读市场，应要求图书馆工作人员能够关注老年人的信息需求，创新服务模式，增设老年人专属的意见箱，多听听老年人的反馈意见和评价，及时地解决问题，提高老年人在阅读过程中的满意度，对公共图书馆产生依赖心理。

三、农村信息服务模式

一直以来,许多人认为,农民只单纯地关注农业种植和畜牧业的养殖等相关信息,不会对娱乐、文学、金融、房产等相关信息过度关注。这就是人们对农村信息服务模式的最大误区。随着社会经济的发展及城乡一体化政策的推行,很多农民的认知都发生了改变。同时,网络信息化的浪潮也冲击着农村的市场,新媒体等技术开始融入农民生活和生产之中,从而提高了农民的生活质量,农民对信息的需求也极为迫切。为了满足农民的信息需求,公共图书馆采取的特色服务模式也取得了一定的效果,加大了农村信息服务的支持力度,推进了公共图书馆的信息文化共享建设进程。

农村信息服务是专门对农民推行的一项活动,按照农村信息服务的原则,以农村用户的需求为出发点,将农村信息服务划分为农业技术信息服务、日常生活信息服务、惠农政策信息服务、自然灾害信息服务、技能培训信息服务等;按照服务的方式分为信息检索服务、信息远程传递服务、信息咨询服务等。除此之外,构建的内容更加多元化和完整,农村信息服务网络平台能够为农村用户及时提供交互式信息服务。而这些服务形式是交叉存在的,也可以根据农村用户的实际需求进行优化和协调。从农业科技信息角度来看,公共图书馆能够充当农村教育学习的场地,提高农民的文化素养,让丰富的馆藏资源以及阅读刊物成为农民日常阅读的书籍,以精神文明教育来提高农民的阅读素养,加强文化的传承。农村信息服务网络平台采用农村信息服务模式,宣传国家的惠农政策,宣讲红色历史,提高农民的民族自信,丰富农民的日常生活。

公共图书馆应当面向农村提供科技服务、信息咨询服务，使农村的农业和畜牧业生产不再是小范围的耕种。随着新兴产业技术的推进，农村也建立了一套规模较大的生产体系，导致农业生产需要大量的高素质技术型人才。公共图书馆作为信息资源的阵地，将藏有的文献资料进行整理加工，提供给有需要的农村用户。农村用户通过学习和了解，将一些先进的技术和理论更好地融入农业生产。通过把互联网、微信等多媒体作为载体，公共图书馆可以将文献资源做成视频上传到平台上，或者开通扶贫大讲堂等直播，切实将科技带到农村，将教育和文化内容传播到各地的农村之中。

四、盲人信息无障碍服务模式

盲人信息无障碍服务模式是使用信息无障碍技术，建立盲人专题知识库，为盲人提供文化服务的一种全新模式，是现代科技成果探索和创新的服务形式。盲人是社会群体中的弱势群体，视觉的缺失使盲人的学习和生活面临着诸多困难。公共图书馆为了给盲人提供一个良好的阅读环境，采用多渠道、多媒体的创新服务技术与产品，吸引越来越多的盲人走进公共图书馆。公共图书馆利用数字化技术改变了盲人的阅读方式，结合网络服务制作出集盲文资源、有声资源等于一体的多样化阅读资源。

（一）基于触觉的产品

随着科技的发展，盲人的辅助产品也得以优化。这些产品可以将信息资源以触摸的形式呈现给盲人，让盲人使用盲文自行阅读。盲文以6个凸起的圆点为基本结构,不同的凸起组合表示的含义不同。盲人通过触摸圆点可以感知到文字的含义,这为盲人的阅读提供了极大的便利。

(二)基于听觉的产品

听觉是盲人获取信息的最快捷的通道,有声读物、电视、手机等产品给盲人的生活带来了便利。这些产品让盲人不再成为被动接收信息的人,而是可以像普通人一样去搜集信息。盲人根据智能语音系统,使用电子设备中的软件检索阅读资源,还可以使用听书机,该产品内置全程语音导航,可以将电子书和网络信息等各类资源朗读出来。另外,读书机可以对书籍、期刊中的文字进行识别,盲人通过读书机可随时随地获取信息。

(三)基于残余视觉的产品

盲人群体中有大部分人是低视力人群,其辅助产品也较多,主要以助视器为主,如光学助视器、便携式助视器等。

(四)新兴无障碍文化产品

公共图书馆的盲人群体服务模式引进了无障碍出版物,克服了传统出版物的信息无法被盲人获取的困难。无障碍出版物拥有一定的特点。例如,DAISY是一种管理应用程序框架,它把声音、文字、图像转化成数字出版格式,将文字信息和声频信息进行有效融合,有利于盲人在阅读章节时可以实现随意章节的听读,弥补了一般听读产品不能断点播放的缺点,深受盲人群体的青睐。

(五)无障碍信息交流平台

公共图书馆构建了盲人能够无障碍使用的资源平台,盲人可以在平台上随时查阅自己喜欢的信息内容。无障碍平台还可以为盲人随时随地提供阅读服务，内容包含盲人的生活技能、职业教育资料，盲人在家就能登录资源平台，还可以接收到有针对性的推送信息。公共图书馆也会招募一些社会志愿者，为盲人提供上门送书的服务，为盲人提供一对一的贴心服务，提高盲人的生活质量。

第五节 其他特色服务模式

一、非物质文化遗产信息服务模式

公共图书馆是推动国家文化大发展的重要公益性机构，承担着发扬和传承文化的重任。在中国历史悠久的文化中，非物质文化遗产对经济社会的发展起到不可小觑的促进作用。近年来，非物质文化遗产受到公众的热捧，而公共图书馆的信息服务模式可以先从了解非物质文化遗产信息用户的共性需求开始，再针对非物质文化遗产信息用户的不同需求，建立个性化的信息服务模式。

（一）非物质文化遗产信息服务模式的内涵

非物质文化遗产信息服务模式是公共图书馆通过服务形式实现需要的目标和功能结构，利用信息技术手段，为非物质文化遗产信息用户提供快捷、多元化的服务体验。

（二）非物质文化遗产信息服务模式的构建目的

公共图书馆的非物质文化遗产信息服务模式的最终目标是促进非物质文化遗产事业的发展，提高公共图书馆的文化凝聚力和创造力，从而真正地成为社会经济发展的重要保障。由此可见，非物质文化遗产信息服务模式需要数据挖掘、读者信息收集、信息推荐等技术支持。在公共图书馆的网络系统中，非物质文化遗产用户是有个性化需求的。公共图书馆资源系统为信息用户提供了友好的操作界面，便于用户高效地使用系统。非物质文化遗产服务系统要求用户填写基础信息，系统会自动收集用户的需求和行为，在用户浏览非物质文化遗产信息资源过程中记录下用户浏览的频率、时间、页面内容等。通过大数据分析，挖掘出用户的潜在偏好，通过推送和动态更新吸引用户的注意力。在非物质文化遗产信息服务中，通过为用户构建模型，对用户的浏览行为进行归纳和总结，加深用户对非物质文化遗产信息的理解。非物质文化遗产信息服务还为用户提供参考咨询服务模式，根据特定的非物质文化遗产的信息要求，制定层次化、理论化的参考咨询服务，具体地向用户提供非物质文化遗产科技查询、非物质文化遗产的专题检索等功能。公共图书馆通过非物质文化遗产信息服务模式的不断优化和调整，提升公共图书馆整体的非物质文化遗产信息服务理念，为用户提供平等服务，维护用户享受信息服务的权利，满足每一位非物质文化遗产信息用户的需求。尽管利用网络技术就能搜索出大量非物质文化遗产的相关性内容，但是公共图书馆是有责任和使命去建设和完善非物质文化遗产信息资源的，通过加强基层文化建设，建立健全文化建设管理体制，将公共图书馆的文化内容升华，提供免费的优质服务，促使用户能够平等地获得非物质文化遗产信息。

（三）非物质文化遗产信息服务模式的任务

根据对非物质文化遗产信息用户需求的深入分析，我们发现，当今公共图书馆的信息服务模式可以分成两部分：一部分是从非物质文化遗产信息资源的角度出发，对信息资源的内容进行全面、系统的收集和整理，内容包含非物质文化遗产的文学资料、传统音乐、传统曲艺、传统医药、民俗民风、科技期刊、藏书等，尽最大努力呈现出最为完整和完善的信息内容。由于非物质文化遗产受到当地特色民俗和地域文化的影响，各省市的公共图书馆的非物质文化遗产信息内容具有明显的地域性。这些信息是未曾共享使用的，这就导致非物质文化遗产用户不能获得其他地区的信息资源。对此，公共图书馆应当开展网络资源共享服务工作，便于用户获取更丰富的信息资源。另一部分针对的是信息用户的需求，不同的信息用户在信息使用方面也存在较大的差异性。因此，公共图书馆可为用户提供自助服务模式，结合个性化信息服务，对用户需求进行智能分析，从而推送更合适的信息资源。同时，构建自助服务的重要意义在于有效地解决用户查询信息的问题，帮助用户实现从传统模式到文献的自助推送，优化检索过程，使公共图书馆的非物质文化遗产信息服务模式站得住脚，不落后于其他服务模式。运用 RFID 智能技术提高书籍的管理效率，自主筛选服务内容，节省了大部分借阅时间。通过网络文献传递服务功能，用户可将非物质文化遗产的信息资源申请发送到公共图书馆信息部门，申请批准后才能下载获取，一定程度上降低了服务成本。另外，公共图书馆的非物质文化遗产信息服务模式不仅是文献的集散地，也是信息交互的中心。通过信息化技术的使用，公共图书馆拓展了多元化的信息服务形式，通过开展关于非物质文化遗产知识讲座、学科服务、阅读推广活动等，加大了非物质文化遗产的传播速率，提高了公共图书馆的文化共享能力，提升了公共图书馆的社会影响力。

二、真人图书馆服务模式

真人图书馆服务模式是指将人作为借阅的藏书，被出借的"藏书"具有独道的文化见解和知识底蕴，可以与读者进行面对面的交流和互动，完成信息与知识的传递和共享。读者与"藏书"在交流的过程中增强彼此的信任，启发心灵，从而达到互相理解与互相激励的目的。

（一）真人图书馆服务模式的特点

在真人图书馆服务活动中，人作为信息的活体资源，使阅读变得鲜活，富有生命力。这种以人为"书"的信息服务理念，突破了传统图书馆单向信息输出的局限性，使得信息在人与人的互动之中发挥最大的社会价值。在真人图书馆中，读者选择的"书籍"一定是具有一定成就的人。每本"书籍"的内容也是不可复制和重复的，对事物认识的看法有着不同的层次性，思维方式也更加多变，可为读者提供独特的服务。读者在阅读时，也是"藏书"阅读读者的过程，"藏书"为读者提供服务的同时，也在获得相应的信息资源。此外，真人图书馆服务模式灵活、多元化，主题信息也很丰富，适合各种不同的环境。读者在真人图书馆中选择的主题体现了人们最为关注的热点话题，如人类学、环境保护、教育心理等热门领域。

（二）真人图书馆服务模式的创新应用

真人图书馆中蕴含着大量的隐性知识，很难用文字形式进行记录。公共图书馆为了将显性知识与隐性知识有效结合，创建了一个良性的融合平台，隐性知识与显性知识共同构成共享资源，共同构建真人图书馆的信息数据库，并为公共图书馆提供难得的信息资源。真人图书馆改变了传统图书馆的阅读模式，让更多的年轻读者感受到交流的平等性和人性化。通过语言和肢体语言的融合，读者可以体验到一种全新的阅读形式。同时，读者还可以根据自己当下的情绪和偏好，随时获取自己感兴趣的阅读信息，不受时间和地点的限制。在真人图书馆中，读者可以自由交流，放松自我。真人图书馆也强调平等、无障碍的探讨，营造良好的奉献与互相学习的氛围，有助于激发读者的阅读兴趣，提高阅读的积极性，对构建和谐的公共图书馆的阅读秩序起到促进作用，为公共图书馆的发展带来了新的契机。

（三）完善真人图书馆服务模式的运行机制

真人图书馆应当建立健全信息资源响应机制，在不同阶段的响应中根据读者的需求，按照响应机制的流程顺序，逐步实现资源的匹配。通过响应机制的完善，真人图书馆将实现隐性知识与显性知识的精益化，结合读者的实际需求，建立信息服务激励机制，提高知识共享的程度，构建信任激励、增权激励等多个维度的激励机制。同时，真人图书馆也要建立资源库演进机制，通过更新和淘汰真人知识库，运用科学的绩效评估体系，利用增益策略，发动读者献言献策，推进真人图书馆馆内业务的融合。真人图书馆不仅可以在科研方面提供服务,还可以走入高校图书馆,帮助学生在阅读过程中分享心得体会,培养学生的阅读习惯,让学生在交流中领悟、获取优质的信息资源,同时为高校图书馆推动文化传播、深入开发信息资源提供了新的视角。

参考文献

[1] 王欣. 公共图书馆服务体系建设 [M]. 长春：吉林科学技术出版社，2023.

[2] 李凡. 公共图书馆建设管理及其智慧化发展新路径 [M]. 北京：现代出版社，2023.

[3] 张颖，盖政艳. 公共图书馆信息化建设论述 [M]. 长春：吉林科学技术出版社，2023.

[4] 王华伟. 新媒体背景下公共图书馆服务创新研究 [M]. 长春：吉林科学技术出版社，2023.

[5] 孔敏. 公共图书馆智慧阅读服务体系构建及优化研究 [M]. 沈阳：辽宁科学技术出版社，2023.

[6] 朱华赠. 新时期公共图书馆服务创新研究 [M]. 哈尔滨：哈尔滨工程大学出版社，2023.

[7] 陈雅，谢紫悦. 公共图书馆大众化服务研究 [M]. 南京：南京大学出版社，2022.

[8] 蓝强. 现代图书馆文献资源建设与公共服务 [M]. 成都：电子科学技术大学出版社，2022.

[9] 井西翠，岳峰.互联网＋背景下的公共图书馆发展与创新[M].太原：三晋出版社，2022.

[10] 苏宇波，祁杰.大数据时代下公共图书馆智慧服务路径研究[M].哈尔滨：北方文艺出版社，2022.

[11] 李蕾，史蕾.公共图书馆服务与创新管理[M].延吉：延边大学出版社，2022.

[12] 赵曾，朱彦.公共图书馆管理与阅读服务[M].哈尔滨:北方文艺出版社，2022.

[13] 祝坤.公共图书馆发展及其文旅融合路径探究[M].长春：吉林人民出版社，2021.

[14] 于文彬.公共图书馆智慧服务研究[M].哈尔滨：北方文艺出版社，2020.

[15] 王鹏.公共图书馆数字文化建设[M].济南：济南出版社，2020.

[16] 王晓芳.公共图书馆服务体系建设研究[M].哈尔滨:黑龙江人民出版社，2020.

[17] 梁舒.文旅融合背景下公共图书馆读者服务模式探析[J].名汇，2023（20）：22-24.

[18] 赵佳艺.信息化背景下公共图书馆诚信网络服务体系建设模式研究[J].中国新通信，2023(15)：24-26.

[19] 金晶.基于智慧技术的公共图书馆社会化阅读服务模式[J].文苑，2023（14）：61-63.

[20] 冯志会.公共图书馆智慧资源建设与服务模式研究[J].科技资讯，2023（13）：223-226.

[21] 高翔.公共图书馆共享服务模式分析[J].中文科技期刊数据库（全文版）社会科学，2023（12）：4-7.

[22] 黄爱玲.浅谈公共图书馆图书借阅服务模式创新[J].发展，2023（12）：67-69.

[23] 华婧.专库模式下公共图书馆网借服务效能提升策略[J].河南图书馆学刊，2023（11）：30-33.

[24] 吴恬.公共图书馆报刊阅览室服务模式研究[J].中国报业，2023（11）：142-143.

[25] 向宏华.PPP模式应用于公共图书馆志愿服务探析[J].河南图书馆学刊，2023（10）：5-7.

[26] 华娜.公共图书馆总分馆模式下阅读推广精细化服务探索[J].采写编，2023（10）：178-180.

[27] 杨健龙.公共图书馆智慧资源建设与服务模式研究[J].参花（上），2023（8）：92-94.

[28] 邱海.大数据时代下公共图书馆读者服务的创新模式分析[J].参花（下），2023（8）：131-133.

[29] 郭亚军，郭一若，李旭.供需视角下的公共图书馆视障用户信息无障碍服务模式[J].图书馆论坛，2023（8）：69-76.

[30] 胡晓梅."全民阅读"背景下公共图书馆服务个体社会化的模式构建[J].科学大众（智慧教育），2023（8）：5-6.

[31] 郜诗扬.当代公共图书馆服务模式发展方向[J].丝路视野，2023（7）：4-6.

[32] 宋亮."双减"背景下公共图书馆服务模式创新探究[J].中文科技期刊数据库（全文版）社会科学，2023（5）：39-42.

[33] 冉莉.数字驱动下公共图书馆服务模式创新研究[J].焦作师范高等专科学校学报，2023（4）：48-50.

[34] 李依诺，袁曦临.文化养老视野下公共图书馆适老化服务模式研究[J].新世纪图书馆，2023（4）：42-48.

[35] 林巧.关于公共图书馆智慧化空间服务模式的思考[J].贵图学苑，2023（4）：22-23，35.

[36] 谭歆治.公共图书馆智慧服务新模式实践研究[J].新教育时代电子杂志（学生版），2023（3）：154-156.

[37] 姜丽宁.基于PPP模式的公共图书馆读者服务优化研究[J].河南图书馆学刊，2023（3）：43-45.